传奇科学家的探索之旅

哇！科学家
改变世界的巨人

盒子猫　编著

化学工业出版社

·北京·

内容简介

天上打的闪到底是种什么东西？富兰克林把"电"带入人类视野。我们从哪里来？达尔文创建生物进化论。无意中落入培养皿的是什么霉菌？弗莱明发现青霉素拯救千万生命……

出现在书中的科学家都是举世公认的科学巨匠，他们的科学成就不仅改变了自己的人生轨迹，更是改变了整个世界。通过他们的故事，回望他们的人生，继承他们的智慧，就让我们迈出永不停歇的脚步，去探索这个更广阔也更真实的科学世界吧！

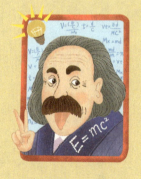

图书在版编目（CIP）数据

哇！科学家. 改变世界的巨人 / 盒子猫编著. —北京：化学工业出版社，2022.1
（传奇科学家的探索之旅）
ISBN 978-7-122-40274-5

Ⅰ.①哇… Ⅱ.①盒… Ⅲ.①科学家-列传-世界-儿童读物 Ⅳ.①K816.1-49

中国版本图书馆CIP数据核字（2021）第235387号

责任编辑：刘莉珺　　　　　　　　　　文字编辑：李　曦
责任校对：赵懿桐

出版发行：化学工业出版社（北京市东城区青年湖南街13号　邮政编码100011）
印　　装：北京宝隆世纪印刷有限公司
710mm×1000mm　1/16　印张 8½　2023 年 1 月北京第 1 版第 1 次印刷

购书咨询：010-64518888　　　　　　　　售后服务：010-64518899
网　　址：http://www.cip.com.cn

凡购买本书，如有缺损质量问题，本社销售中心负责调换。

定　价：45.00元　　　　　　　　　　　　　　　　版权所有　违者必究

前言

教室里,当老师问大家"长大后你想从事什么职业?"时,许多只小手举起来,一个个争先恐后地回答:"歌唱家!""舞蹈家!""科学家!"……在这么多职业中,"科学家"这个回答是最需要勇气的。这是因为,科学家是能改变世界、影响全人类的一类人!

专门从事科学研究的人都可以被称为"科研工作者",但能被称为"科学家"的,都是一些能进行自主研究、创造出惊人成果的伟大人物。比如发现了"万有引力定律"的物理学家牛顿,提出了"日心说"的天文学家哥白尼,拥有 1000 多项专利的发明家特斯拉等。每一个被载入史册的名字,背后都有一段无法复制的人生。霍金在风华正茂的年纪身患绝症,凭借仅能活动的 3 根手指完成了《时间简史》;图灵从一个"留守儿童"成长为"计算机科学之父",凭借知识的力量破译敌方密码,帮助盟军取得了第二次世界大战的胜利;"社交恐惧症患者"卡文迪许连跟人交流都很困难,却能计算出地球的质量;在喷嚏黏液中发现溶菌酶、观察未清洗的培养皿发现青霉素的微生物学家弗莱明为提高全世界人口的平均寿命做出了卓越的贡献;躺在床上看地图,灵光一现提出"大陆漂移说"的魏格纳,是一名优秀的地质学家、气象学家和探险家;出身贫苦、差点儿输在人生起跑线上的法拉第"自学成才",发现了电磁感应现象,推动了改变世界的第二次工业革命……在人类历史的漫漫长河中,他们是最闪耀的科学巨星。

"哇！科学家"丛书收录了古今中外 50 位科学巨星的故事，他们在物理学、化学、数学、医学、生物学、天文学、地理学、计算机科学等诸多科学领域做出了历史性的巨大贡献。

读完每个故事，你会发现，每一位科学家都不是从天上掉下来的，而是扎根于生活的土壤里慢慢成长的。他们是天才，但更是凡人，他们都有自己的喜怒哀乐和爱恨怨憎。他们是一个个有思想、有血肉、有过往的人，而不仅仅是被印刷在教科书中的名字与定律。

读完每个故事，你会发现，虽然科学家们的性格各不相同，人生际遇也相差甚远，但他们都有一些共同点——对世间万物的强烈好奇，让他们不停地探索真理、破解疑问、求得真知；对知识的渴望，让他们在青少年时期无论贫富贵贱，都会尽力抓住一切机会努力求学，一生都像海绵吸水一样吸收着各种知识；惊人的毅力和耐心，让他们甘愿付出常人难以想象的时间和精力去进行科学研究，并在一次次失败后仍然钻研不息，最终取得耀眼的成功；巨大的勇气以及敢于挑战的大无畏精神，让他们能突破世俗、权威、历史甚至学科的局限，在布满荆棘的谬误荒野中开辟出一条通往真理的路……

也许，我们并不能完全体会到科学家的伟大，但在炎热的夏天，当我们注射完疫苗，搭乘汽车回到家中，打开电灯、空调，一边享受着从冰箱中取出来的小零食，一边在网上感受高科技给我们带来的视觉冲击时，我们应该意识到，现代科技和便利生活的背后是一代又一代科学家的身影。

目 录

年份	标题	页码
1706	万能的富兰克林	2
1769	灾变论者居维叶 vs 渐变论者莱尔	10
1769	洪堡：深藏功与名	16
1791	自学冠军——法拉第	22
1809	"问题"少年——达尔文	30
1822	微生物猎人——巴斯德	38
1834	为化学元素找"家"——门捷列夫	46
1856	电气大师特斯拉	52

年份	标题	页码
1879	世纪巨星爱因斯坦	60
1881	医学史上最强锦鲤——弗莱明	68
1885	"别指挥上帝去做什么"——玻尔	74
1889	飞向银河系之外	82
1901	核物理之父——费米	88
1901	"另类"爱国者——海森堡	94
1903	别人家的孩子——冯·诺依曼	100
1912	如谜的解密者——图灵	108
1918	天才费曼	114
1942	放飞自我的霍金	122

导语

天上打的闪到底是种什么东西？富兰克林把"电"带入人类视野。我们从哪里来？达尔文创建生物进化论。无意中落入培养皿的是什么霉菌？弗莱明发现青霉素拯救千万生命……

本书中介绍的科学家是举世公认的科学巨匠，他们的科学成就不仅改变了自己的人生轨迹，更是改变了整个世界。现在，就让我们站在这些巨人的肩膀上，回望他们的人生，继承他们的智慧，去探索这个更广阔也更真实的科学世界吧！

作者：布丁

万能的富兰克林

美国第一任总统华盛顿曾经说："在我的一生中，能让我佩服的人只有三位，第一位是富兰克林，第二位是富兰克林，第三位还是富兰克林。"能被华盛顿如此称赞的人，想必一定非常了不起吧！那么，富兰克林究竟是什么人呢？

出身寒微的少年

在很多人的印象里，一位名人的诞生总是伴有一些传奇色彩。不好意思，恐怕要让你们失望了，富兰克林的出生太过于平淡了。甚至，我猜想，作为家中最小的儿子，他的出生应该不是那么受父母期待。毕竟富兰克林的父亲只是一名以制作蜡烛和肥皂为生的漆工，没有那么多的钱，却要

> **名人小档案**
>
> **姓名**：本杰明·富兰克林　　**国籍**：美国
> **生卒**：1706年1月17日—1790年4月17日
> **职业**：发明家、物理学家、政治家、出版商、印刷商、记者、作家、慈善家、外交家……
> **爱好**：发明　　**必杀技**：风筝落雷之术
> **成就**：他放了个风筝，证明了闪电的本质是电，并发明了避雷针。他还是美国"开国三杰"之一，头像被印在面值为100美元的纸币上……成就实在太多了，看看他的职业，你就有数了

养活17个孩子。别太惊讶，在那个时代的美国，一个家庭有这么多孩子是一件很正常的事情。

这样的家庭条件，自然不可能为富兰克林提供良好的教育条件。事实上，富兰克林8岁入学，10岁就辍学帮爸爸干活，并在12岁时进入工厂成为一名印刷工。整整10年的印刷工经历，在他的生命中留下了难以磨灭的烙印，直到临终，他仍以一名印刷工自居。

靠着读书一路"打怪升级"

没有显赫的家世，没有高学历，仅凭对读书的热爱，富兰克林就这样一路披荆斩棘，成就了自己辉煌的一生。他爱书成狂，经常通宵达旦地读书，就连饭费也被他用来买书。当你身在宽敞明亮的教室，心却在操场上驰骋的时候，想一想好学的富兰克林吧！

或许，你只知道他是一名物理学家、发明家。他的头衔其实多到能组成一段绕口令：他是著名的政治家、出版商、印刷商、记者、作家、慈善家，还是杰出的外交家和发明家。这样多的头衔，随便拎出一个来，都能颁发个"终身成就奖"，可富兰克林偏偏在奋斗的道路上永不停歇，拿了个"大满贯"。

近乎苛刻的完美主义者

富兰克林具有强烈的完美主义思想,这从他的自传中就能看出。他做事脚踏实地,也比较固执,不达目的决不罢手。他对自己的日常生活要求严格,每天都进行自我反省,做得不好的立即改正。

这个世界上很少有人不喜欢富兰克林。如果你不喜欢他,没关系,他一定会想方设法让你喜欢上他。当然,前提是他想结交你,想和你成为朋友。

富兰克林还是一位非常幽默的人。他在指责一项有钱人才有资格当选为议员的法条时说:"要想当上议员,就得有30美元。这么说吧,我有一头驴,它值30美元,那么我就可以被选为议员了。一年以后,我的驴死了,我这个议员就不能继续当下去了。请问,究竟谁是议员呢?是我,还是驴?"

别人写自传,总爱吹捧自己,但富兰克林却在自传中毫不掩饰自己的缺点,讲自己的短处,让人觉得真诚。或许正是因为富兰克林这种能

富兰克林的一日作息表

够坦诚面对自己的内心，毫不掩饰，敢说真话的性格，他才会受到美国人的推崇。

"风筝实验"之谜

作为一个热爱生活的人，富兰克林对这个千变万化的世界充满了好奇心。在退出印刷生意后，他用大把的时间进行各项研究和发明，试图解开神秘的"电"的奥秘。在做了大量实验后，他发现，电是一种"流质"，玻璃受到摩擦时，"流质"就进入玻璃，使"流质"含量增加；而树脂受到摩擦时，"流质"流出树脂，"流质"含量就会减少。当然，那个时候的解释还不够科学，发展到今天，我们知道：两个物体互相摩擦时，因为不同物体束缚电子的本领不同，利赫曼建造了一座特殊的小房子，并在房子上竖起一根铁杆，要模仿富兰克林的实验。不过，或许是雷电过小的原因，一次也没成功。

所以必定一个物体失去了一些电子，而另一个物体得到了多余的电子。如用玻璃棒跟丝绸摩擦，玻璃棒的一些电子转移到丝绸上，玻璃棒因失去电子而带正电，丝绸因得到电子而带着等量的负电。

细致的观察和大量的实验使富兰克林成为世界上第一个用正负电学说来解释电学实验的科学家。

关于富兰克林，一直流传着一个神奇的"风筝实验"。据说他利用风筝引来了雷电，证明雷电只是一种放电现象，打破了"上帝发怒"的传说。但人们在纪念这位伟大发明家的同时，却在这个实验上吵得越来越厉害：富兰克林真的做过这个实验吗？

俄罗斯科学家利赫曼在模仿这个实验时，因操作不慎被雷电击死。而大量的科学家也证明，如果实验成功，富兰克林必死。

当时的真相究竟如何，我们不得而知。但富兰克林的发明却是

避雷针

实实在在地造福了人类。他发明了避雷针、玻璃琴、双光眼镜等，给人们的生活带来了便利。

他会印刷，会发明，会写文章，会多国语言，会组织，会募捐，甚至会指挥军队。他重视教育，兴建图书馆，积极参加美国宪法的制定工作，并组织反对奴役黑人的运动。他的一生精彩励志，但他的墓地围墙的铜牌上只有很简单的一句话：印刷工富兰克林。

避雷针

> 由于一直没观测到闪电，也没遇到危险，利赫曼有些掉以轻心。在一个雷电交加的晚上，他兴奋地走进小房子，却被一团淡蓝色的火球直击额头，倒地死去。这位正值壮年的科学家，就这样为科学事业献出了宝贵的生命。

让铃铛响起来

静电是我们生活中经常遇见的一种现象，而且给我们带来了各种各样的烦恼，比如：

啊!

好疼,好疼……

但是,静电也能为我们所用,做我们的小帮手。这不,富兰克林就利用静电发明了一个雷暴的预警装置——富兰克林铃。如果你们也想学,那就一起来动动手吧!

首先我们需要找到这些材料:2个易拉罐,2根导线,电蚊拍,胶带,吸管,棉线。这些材料都是生活中常见的,很容易找到。

制作步骤

① 两个易拉罐,并排放好。

② 拆下一个易拉罐环,并用一根棉线牢牢绑住它。

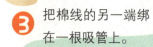

③ 把棉线的另一端绑在一根吸管上。

④ 刮掉导线外面的塑料皮,露出里面的线。

❺ 用胶带把露出的电线一端紧紧粘在易拉罐上。另外一个易拉罐进行同样的操作。

❻ 把其中一根导线空置的一端连在电蚊拍的外网上,另一端连到电蚊拍的内网上。

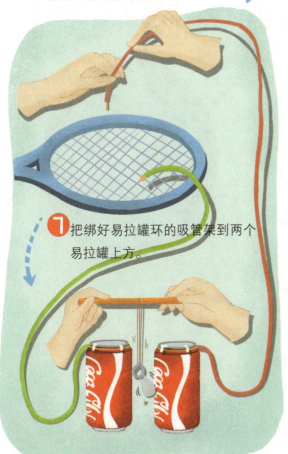

❼ 把绑好易拉罐环的吸管架到两个易拉罐上方。

❽ 开启电蚊拍的开关,这时候易拉罐环就会来回敲击易拉罐,发出悦耳的铃声了。

富兰克林小课堂

大家应该知道,电蚊拍的内外网片分别带的是正电和负电,从而形成了一个静电场,将蚊子吸附过去并电死。在这个装置中,跟电蚊拍连接的两个易拉罐之间形成了静电场,会吸引轻小的物体,于是悬挂的拉环就被它吸引过去了。因为拉环是铝制的,具有导电性,拉环一旦跟带电的易拉罐接触,就带上了同种电荷,根据同性相斥原理,拉环又会被排斥,从而撞击另外一个易拉罐。接触后又带上另外一个易拉罐的电,那么又会相排斥。如此循环往复,我们就看到拉环不断敲击两个易拉罐的现象。

那么富兰克林铃在现实生活中到底有什么作用呢?富兰克林把装置的一端与屋顶的避雷针连接,另一端与水井里的铁制水泵连接,用来做成了雷暴的预警装置。当然富兰克林不会用易拉罐,他用的是铃铛。

灾变论者居维叶 VS 渐变论者莱尔

大自然十分奇妙，弱小的人类经过数万年的演变，变成了"万物之灵"，曾经的地上霸主恐龙却已经灭绝，被称作是"活化石"的鸭嘴兽存活至今。那么生物的演变究竟是什么原因造成的呢？是环境的影响，或者是生物自身的条件改变了？今天要介绍的两个人物，他们对这个话题有着一定的发言权，在历史上影响了很多学者，他们就是居维叶和莱尔。

名人小档案

姓名：乔治·居维叶
国籍：法国
生卒：1769年8月23日—1832年5月13日
职业：生物学家，比较解剖学和古生物学的创始人
必杀技："大地剧变术"
成就：提出灾变论

姓名：查尔斯·莱尔
国籍：英国
生卒：1797年11月14日—1875年2月22日
职业：律师、地质学家
必杀技："大地渐变术"
成就：提出地质学上的渐进论，还倡导"将今论古"的研究方法

运气爆棚的居维叶

居维叶出生在法国,从小就是功课出类拔萃,14岁就上了大学,学习解剖学。毕业后,他成为一名家庭教师,一有空就跑去海边,他可不是去享受阳光浴和金色沙滩的,而是去找能够用来解剖的生物的。居维叶的解剖爱好催生了不少成果,发布后世人皆惊:"这、这简直就是天才啊!"

有着丰富的学识和出色的解剖技巧,谁不想将居维叶收入麾下呢?24岁时,居维叶进入了巴黎自然博物馆担任动物解剖学助理教授。后来,法兰西研究所跑来挖墙脚,居维叶就成了法兰西研究所的一员。幸运的是,居维叶还结识了拿破仑。拿破仑十分欣赏这个小伙子,从此居维叶的人生就像开了挂一般,在成功的道路上疯狂奔跑。

1815年时局动荡,波旁王朝复辟,居维叶的庇护人——拿破仑下台。当人们都以为居维叶这颗高高挂在天上的星星终于要陨落的时候,没想到,新国王居然让居维叶做巴黎大学的校长,这下让许多人羡慕嫉妒恨了,纷纷感叹:这得是上辈子拯救了银河系吧!什么好运气啊?!

上古生物

灾变论

器官相关法则

居维叶的人生也有过低谷,他曾被新任国王罢免。但没过多久,新国王便重新起用居维叶,让他担任内务部长,只是居维叶还没上任就因霍乱去世了。居维叶一生做了许多事情,不仅在学术上大展拳脚,在政治上,他也春风得意。

动荡的局势

1815年,波旁王朝复辟后,拿破仑退位,路易十八上台。可路易十八的王座没坐稳几天,1815年3月1日,拿破仑卷土重来了,他经过19天的战斗,再次统领了法国土地。这下轮到欧洲各国的君主们慌张了,他们组织了第七次反法同盟,在6月18日时击溃了拿破仑的军队,这也是世界上的著名战役——滑铁卢战役。

比较解剖学与古生物学创始人

接下来我们说说居维叶在学术方面取得的成绩。

第一,居维叶提出了器官相关法则。这是什么意思呢?就是指一个生物的器官与它的属性密切相关。比如说一只羊,它的属性是食草动物,没有什么攻击性。那么,它的牙齿一定很适合咀嚼植物纤维,它的肠道也一定很适合消化植物,而它头顶上的羊角,则是用来防御敌人的。再比如说一只老鹰,它的属性是食肉动物,攻击性强,并且它能长时间飞翔,速度很快。那么它翅膀上的肌肉一定非常发达,它的肠道一定比较短,不易储存食物残渣,这是为了减轻自身的重量,保证能够持续飞行。相应地,它超高清的视力和尖锐的爪子使它能够轻松捕捉猎物。

第二,居维叶提出灾变论。顾名思义,灾变论就是说生物遇到灾害死亡,物种发生了变化。要知道地球无时无刻不在运动,世界各地每天都会有自然灾害的发生,比如海啸、地震、火山爆发等。除了地球上有灾害时不时地发生,有时还有天灾出现，最典型的就是行星与地球相撞。每当这些灾害发生时，总有一些倒霉蛋不幸身亡。而居维叶认为，地球每隔一段时间，就会发生一次巨大的灾害，这场灾害可以使地球上的所有生物全部灭亡。这时，造物主就会重新创造出新的物种。可是造物主的记性也不够好，每次他创造的新物种与之前的物种都会有不相像的地方，这就出现了生物的演变。居维叶是从来不相信进化论的。

第三，居维叶认为，地层时代越新，古生物类型越进步。意思就是，埋在最底层的古生物要比埋在上面的古生物低级一些。他还将已经灭绝的古生物进行分类，将它们与同种类生物进行比较，根据化石对它们进行复原。居维叶被人称为是解剖学、古生物学的创始人，帽子虽高，却名副其实。

原来你是个吃素的，那我就不用怕你了。

它的牙齿和它的脚暴露了它的身份，不过你怎么知道有怪物。

老师你怎么不怕昨晚的怪物呢？

那是我假扮的呀。

被坑的莱尔

居维叶虽然成就颇高，但是他的结论却不全是正确的。他的后辈——莱尔在地质学和生物学方面提出了不同的观点。

莱尔出生在一个比较富裕的家庭，他的父亲是从事植物学和昆虫学工作的科研人员，还是剑桥大学毕业，他家里有许多图书和植物标本。莱尔19岁考上了牛津大学，他父亲想让他成为一名律师，可莱尔的"真爱"却是地质学。于是，莱尔毕业后加入伦敦地质学会，一脚迈进了地质学的大门。

那时莱尔刚好见证了一场"世纪大战"。引战的问题是：地球上的岩石究竟是由水作用形成的，还是由火作用形成的？"水成论"者指出，世界经历过一场巨大的洪灾，这场灾害使所有生物都死亡了，洪水哗啦啦地冲击地表，最重的东西沉到了最底下，而比较轻的沙粒覆盖在其上，至于生物遗骸，则由于地质作用，变成了化石。"火成论"者指出，地球表面原本是十分光滑的，由于火山的喷发，地球内部的泥沙矿石被全部带出地表，沉积在地面上。不过火山也没这么大能耐，一次性就把所有的地表全部覆盖；火山是时不时地喷发的，所以每次喷发出来的物质都有区别。这就是最初的"火成论"与"水成论"之争。

莱尔的老师是地地道道的"水成论"者。受老师的影响，莱尔在探求知识的道路上走过弯路。

后来人们又根据发现的动植物化石，展开了一场关于地质运动的辩论，分成了灾变论和渐变论两方。居维叶就是灾变论的代表，他的理论在当时非常受欢迎。但也有人不认同居维叶的理论，著名哲学家恩格斯还在自己的文章中说了两句，大概意思就是说：居维叶你快别说神多次创造了这个世界行不？这已经是个成熟的世界了，不需要神再操心了。

莱尔正式出师

面对混乱的"战况",莱尔开始到处跑,无论走到哪儿,都要蹲下来看岩石和地质地貌,在这行路的过程中,他发现"水成论"有点儿站不住脚。读万卷书,行万里路,光旅行不行啊,还得静下心来读书。莱尔拜读了拉马克的文章,越读越发现"水成论"不靠谱。

1824年,莱尔结交了当时学术界的大人物——居维叶、拉马克等人。

1827年,莱尔接受了达尔文进化论的观点,"这灾变论、水成论和火成论都和上帝有关,咱来个跟上帝无关吧!"莱尔认为,不光火山海啸,就连常见的微风细流海浪,都在潜移默化地改变着地球的地貌。

居维叶很不高兴:"一派胡言!"莱尔说:"您把几百万年的事情,浓缩成在几千年内发生,按下快进键也不能这么快呀。"

著名哲学家恩格斯又出现了,他说:"我觉得莱尔比居维叶靠谱。"

后来人们渐渐发现,莱尔的理论似乎更科学,于是莱尔的理论渐渐被人们接受。

洪堡：深藏功与名

18世纪的欧洲，出现过两位著名人物，他们在那个信息交流不怎么顺畅的年代，因自身巨大的影响力，不仅被这块大陆上的人熟知，而且声名远播，连大洋彼岸的人们都能说出他们的名字和故事。其中一位是现在提起你也不会陌生的拿破仑，而另一个人却在历史的长河里逐渐"销声匿迹"——这绝不是他不够优秀，而是关于他的种种，大都已经渗透进人们的生活，让人们习以为常了。他就是下面要出场的科学家洪堡。

名人小档案

姓名：亚历山大·冯·洪堡　　**国籍**：德国
生卒：1769年9月14日—1859年5月6日
职业：地理学家、植物学家、博物学家、冒险家
爱好：到处"瞎跑"　　**必杀技**：疯狂采集术
成就：首创等温线、等压线概念，首次绘制地形剖面图，并绘出世界等温线图；创立植物地理学；刷新了当时人类的登山高度纪录，并保持了几十年；首次提出"自然是有机整体"的世界观

毒舌的养成

出身于普鲁士贵族家庭的洪堡有着让人羡慕的童年：衣食无忧的生活、精英阶层的地位、接受大学者私人教学的机会……可这些外在条件的加持却没有变成洪堡快乐的资本。

父亲早逝后，太过注重品德和知识教育的母亲没有给他太多"爱"的关注，早早且强势地为他安排了之后的人生：即使学起来非常吃力，他也要跟相差两岁的哥哥威廉（威廉·冯·洪堡，教育改革家、语言学家、外交官，柏林洪堡大学的创始人）共用一位老师，学习同样的内容；他不擅长强记的科目，却不得不被拿来与在语言方面早早展现天赋的哥哥比较。两兄弟的性格截然不同，哥哥是如同"别人家的孩子"一般的存在……这样的生活环境让洪堡内心的孤独无处倾吐，性格渐渐敏感，为了掩盖脆弱，他练就了"怼天怼地"的毒舌功夫，就连对最亲密的朋友他也不曾"嘴软"——直到他成为名满世界的科学家，"刻薄"的标签也没能从他身上撕下——毫不夸张地说，要是给科学家们的吐槽功力进行排名，上下几千年，洪堡绝对可以名列前茅。

即便如此，作为哥哥的威廉也不止一次说过，自己的弟弟心肠不坏，非要说缺点的话，可能就是太渴望成功了吧。

"群主"看这里

洪堡的字迹潦草，"难看"程度堪比破译密码。但他非常喜欢写信，一生写了超过5万封信寄给他在世界各地的朋友，而他收到的回信，可能比这个数量的1倍还多。这可不是因为他喜欢集邮，他做的事比集邮先进多了——建"群"。是的，你没看错，洪堡以书信来分享自己的见闻和知识，并从不同的人那里接收不同地区的信息，加以整合，就形成了一个颇为庞大的"信息交流群"，"群主"正是洪堡本人。

世界那么大，我想去看看

提起洪堡，不得不提他的"不安分"。从少年时代开始，他对世界和自然的好奇心就远超同龄人，户外冒险带给他的快乐甚至胜过一切事情。大学时，他曾周游欧洲，还差点去应征水手，虽说没成功，但这坚定了洪堡探险的决心。在母亲去世之后，洪堡分到了一笔数额不菲的遗产，他马上辞去了稳定的工作，踏上了梦寐以求的游历世界（严格地说是大半个世界）的旅程。

他把第一站选在美洲。作为"骨灰级"的测量爱好者，洪堡为这次为期5年的探险准备了42种样式不同、功能各异的测量工具，比如望远镜、温度计、大摆钟等，把它们像宝贝一样装在盒子里——事实证明，它们在之后的旅途上派上了大用场。

这趟行程中，洪堡在热带雨林里遇上了凶猛的美洲虎，险些命丧虎口；他爱上了"坚果之王"巴西栗的味道，还把它的种子带回了欧洲；他划着小船，每经过一条河流，就品尝一下河水的味道，还翻过船，差点儿淹死；他徒手攀上了厄瓜多尔的钦博腊索山，在近6000米的山峰登高望远，中途还不忘在狭窄的山脊上拿出仪器测量空气的湿度、温度、化学成分和重力以及记录植被的生长状况。就这样，在拉丁美洲，他采集到了丰富的动植物标本，获得了大量数据，还留下了多幅地图草稿，记录了当地土著居民的生存状况，在无意中发现了热带植物到地衣的变化过程——现在你知道了吧，洪堡虽然"心野"，但绝不只是玩玩而已。

后来，洪堡在60岁高龄时前往俄罗斯考察，他一路颠簸，从德国到俄罗斯将近5000公里的路途中，其精力旺盛得连同行的年轻人都赶不上他。

洪堡将每次旅行带回的收获编纂成了一本本书，还邀请了艺术家和绘图师来润色自己的地图草稿以作出版，他用跨学科的研究方法和高超的绘图工艺开启了让知识唾手可得的新时代。

好无聊，取个名字吧

打开网络搜索引擎，输入"洪堡"两个字，你可能会发现一堆让你匪夷所思的事物都与之有关。

咦，怎么流过智利与秘鲁海岸的寒流叫洪堡寒流？墨西哥的洪堡山脉和委内瑞拉的洪堡峰是不是一座山？洪堡不是德国人吗，怎么法国巴黎会有一条亚历山大·冯·洪堡街？一连串的问号会在你的脑袋里回旋，可这只是一个开始，接下来，还会有300种植物和100种动物名字让你应接不暇：洪堡百合、洪堡乌贼、洪堡企鹅……再继续搜索下去，你还能看到洪堡大学、洪堡学者、洪堡奖学金等。大概在全世界的命名系统里，也找不到比"洪堡"出现频率更高的科学家了——从他发现的新物种、脚下踏过的山川与河流，到他从未到过的国家、来不及涉足的领域，甚至连月球上的山，他都没有放过。

朋友，你听说过预言吗

身为植物学家，洪堡致力于研究植物对环境的作用。早在那个宣扬"人定胜天""战胜自然"的年代，他就早早提出了自己的担忧——若再肆无忌惮地破坏生态，一定会引起气候变化，人类必将受到大自然的惩罚。事实证明，他的预言比大自然的"报复"早了100多年，虽然当时他的忠告并没有引起足够重视，但许多人还是称他为"环保主义之父"。

而坐实洪堡"预言家"身份的，却是他在俄罗斯考察时发生的一个小插曲。

据说，在洪堡判断钻石会出现在乌拉尔山脉之前，从未有人在热带以外的地方采掘出钻石，是他打破了"钻石只在热带地区出产"的思维定式。

我不在江湖，江湖仍旧有我的传说

晚年的洪堡把更多时间留给了图书馆和办公室。可他的"追随者"们正在为他大刷一波"存在感"。

一号"追随者"最大的梦想是成为像洪堡一样的人，所以他醉心于绘图、测量和实地考察。他建立了美国最大的环保组织，被称为"美国国家公园之父"。他的名字叫约翰·缪尔。

二号"追随者"本来只想安安静静找个地方写本书，可是怎么写都不能让自己满意，而在他苦恼地揪头发之时，读了洪堡的《宇宙》，于是有了豁然开朗的感受，终于完成了一本传世经典。他叫亨利·戴维·梭罗，那本书是《瓦尔登湖》。

三号"追随者"是个拒绝念医科的对研究花草很感兴趣的神学院学生，在读过洪堡的著作《个人叙述》后，他坐着英国军舰小猎犬号开始了环绕世界的航行考察。很多年后，他写了一本叫《物种起源》的书，他的名字叫查尔斯·罗伯特·达尔文。

一个伟大的人和一份伟大的事业，果真会影响许多人。难怪《纽约时报》会称洪堡为"没有哪个国家可以独占的伟人"。

自学冠军
——法拉第

现在给你一个机会，让你穿越到1831年以前的任意一个年代，但作为交换，你再也不能在黑夜里"瘫"在客厅的沙发上一心二用地边玩手机边看电视了；再也不能在炎炎夏日躲进空调房中吹着冷气、吃冰棍了；再也不能脱掉脏衣服一下子扔进洗衣机去洗，想偷懒就坐电梯了……如果你觉得如此穿越的代价太大，只是想一想就毛骨悚然，那你可要认真地感谢一位叫迈克尔·法拉第的科学家，正是他把电带到了我们身边，让所有的便利有了一个历史性的开端。

名人小档案

姓名：迈克尔·法拉第　　**国籍**：英国
生卒：1791年9月22日—1867年8月25日
职业：物理学家、电磁学家、化学家、科普工作者
爱好：自学　　　　　　　**必杀技**：我能发电！
成就：发明了电动机、发电机，发现了电磁波，用"电"推动了人类社会的发展，是当之无愧的"电学之父""交流电之父"

逆袭之闪耀"星"途

　　法拉第出生在18世纪90年代的伦敦，随着蒸汽时代的到来，机器已经让大规模生产变成可能，一大批传统匠人只能在失业的边缘挣扎，而他的父亲就是其中之一。贫苦的生活使法拉第连小学都没读完就开始工作赚钱，如果用受教育程度来作为衡量成功的标准，那么法拉第不止输在起跑线上，他压根连参赛资格都没有。

　　既没力气又没学历的小法拉第选择了当报童作为自己职业的开端，凭借勤奋认真的工作态度，他很快就从卖报的小行家晋升为书店的印刷学徒。工作环境的改变使他每天都能读到比学校里更多的书，在那里，他发现了一个完全不

同的世界，第一次对看上去离他生活很远的电力科学产生了浓厚的兴趣。

从此以后，法拉第变身狂热的"讲座粉"，只要有免费科学讲座的地方，就一定会有他的身影——他擅长把每一场讲座的内容一点点"吃"进身体，最后变成连科学家本人看了都惊叹"哇，我还说过这样的话"的堪比图书的精细笔记。这项技能不但使他拥有的知识越来越系统，而且为他带来了意外收获——英国当时最有名气的科学家汉弗里·戴维对他赏识有加，邀请他到自己的实验室做助理实验员。那时，法拉第已经在伦敦出版界小有名气，可他还是选择了这份薪水低、环境十分恶劣的工作。他从最简单的实验入手，在那个简陋的实验室里开启了他开挂一般的科研生涯。

没有人会想到，这个贫苦人家出身的、知识全靠自学的门外汉，会在之后短短 20 年的时间里，以一己之力，掀起一场改变世界的科技革命，实现从报童到科学巨星的完美逆袭。

仆人携带银器出逃

成为戴维的助手后，法拉第学到了更多前沿的科学知识，逐渐成为实验室里不可或缺的一员。在工作之余，他开始着手研究设计自己的实验。戴维虽然欣赏法拉第对科学的热忱，但他从来未想过这个不善言辞的助理实验员有朝一日会拥有超越自己的成就。所以，当他看到法拉第的论文未经他批准就出现在《科学季刊》上，还设计出电动机的雏形时，他就不淡定了——我的助理这么厉害，怎么从来没人跟我说过？！

实际上，对法拉第擅自发表论文感到不满的人不在少数，他们背地里讽刺资历尚浅的法拉第背信弃义，是"仆人携带银器出逃"，甚至认为他之所以能有如此重大的发现，肯定是窃取了老师的研究成果。而英国皇家学会却从电动机上看到了法拉第的巨大价值,他们想要吸纳这个名不见经传的年轻人入会,于是依照惯例组织投票,没想到唯一一位表示反对的人居然是戴维。不过,大家并没有参考他的意见,法拉第顺利加入了英国皇家学会。

炼不出玻璃的化学家是个电磁天才

虽然有了可以与戴维平起平坐的客观条件,但一直尊敬并感激戴维的法拉第还是做着实验室助理的工作,此时他的主要研究对象已经不是让他一举成名的电磁,而是光学玻璃。是的,你没有看错,戴维指派给法拉第的工作就是炼制玻璃。

尽管在炼制光学玻璃的道路上兢兢业业地努力了几年,可法拉第仍旧对这方面的研究是一窍不通,别说参透其中奥秘,他连一块像样的玻璃成品都没做出来。

直到戴维去世,法拉第才重新回归到电磁研究上来,就在此后的第二年,他的切割磁感线实验成功,制造出了世界上第一台发电机,使电磁感应第一次实现了连续电流的产出。由此可见,如果一件事你努力了很久都没有成功,那么你必须要停下来反省一下——说不定你的方向就是错的,越使劲儿反而越容易失败。

谈钱伤感情,谈爵位也是

法拉第出身贫寒,即使在成名后,他的生活也不算富裕。其实,只要他为那台惊天动地的发电机申请一个专利,那么他的下半辈子就可以衣食无忧。可是他没有,他连一丝从发明中牟利的念头都没有。

他把那些伟大的发明免费提供给大众使用,自己却仍以实验员的身份领着微薄的薪水。为了全心全意投入科学研究,他放弃了所有报酬丰厚的商业工作,也拒绝了英国皇家学会聘请他成为会长的邀请,专心待在那个他热爱的实验室里搞研究。

后来,英国政府为了提高科学家的待遇,设立了专项奖金,在众多候选人中,他们第一个就想到了法拉第。可法拉第在知道此事后坚决拒绝,还写了亲笔信交给首相,表示自己完全能够自食其力,由此也引发了一场以首相写信致歉才得以解决的"年金事件"。而面对英国王室要授予他的爵位,他同样也谢绝了——不做贵族,为平民科学家代言也不错。

权威？科学界是不存在的

牛顿从提出万有引力和三大运动定律开始，他的大师地位在物理界乃至整个科学界就难以撼动，他的理论也因此被一代代人奉为神谕。

从未受过正统教育的法拉第却不信奉权威，他只相信通过实验得到论证的科学事实。他发现了磁场和磁力线的存在，并以此驳斥了超距作用在牛顿力学中的核心地位，但大多数人都觉得这个稍微有点成绩就"盲目自大"的科学家是糊涂了。接二连三的质疑声使那时已患失忆症的法拉第越发抑郁，却没有动摇他的信念，他没有就此停下对电的研究，反而成功进行了一连串展示电的本质的实验，一点点完善自己的电磁理论。

有了"亵渎牛顿"这条罪状，法拉第的发现在之后的十几年里被屏蔽在主流科学界之外，直到另一位科学家麦克斯韦用方程组证明了这个猜想的科学性，它才慢慢被世人接受，并影响了更多人对力和场进行研究与探索，这其中就有同样了不起的物理学家阿尔伯特·爱因斯坦。

一支蜡烛的化学史

来自法拉第的信

亲爱的来自未来的小朋友们：

很多人都问我成功的诀窍。我实在想不出比"多读书、多看报、多听讲座、多思考"更好的答案。所以在很长一段时间里，我都会为伦敦的孩子们组织科学讲座，给他们带去一些科学知识演讲——蜡烛是我最常用的道具，没有比研究它更容易打开科学大门了。你想知道从它身上能发现多少科学原理吗？可要睁大眼睛仔细看好了呀！

——法拉第

想要理解一根蜡烛燃烧片刻间的化学史，你需要准备一根蜡烛、一支干燥冷烧杯、一些火柴。

接下来，你要完成 3 个简单的小实验。

小实验 1

这样操作最标准：

点燃蜡烛，等火焰稳定之后，把火柴木棍水平放到蜡烛产生的火焰中，1 秒钟后取出，你会发现火柴梗在 _____ 部分最先变黑。

小实验 2

把干燥的冷烧杯放到蜡烛的火焰上方，一段时间之后，你会发现烧杯 _____ 。

小实验 3

吹灭蜡烛的一瞬间,会看到一缕白烟,用火柴去点燃白烟,会发现蜡烛_____。

法拉第小课堂

1. 蜡烛一般由石蜡和棉芯组成。蜡烛燃烧时产生火焰,其中外焰的温度最高。
2. 蜡烛燃烧会产生水,水中有氢元素,所以蜡烛中也有氢元素。
3. 蜡烛被吹灭时所冒白烟是石蜡蒸气遇冷凝固所产生的固体微小颗粒。

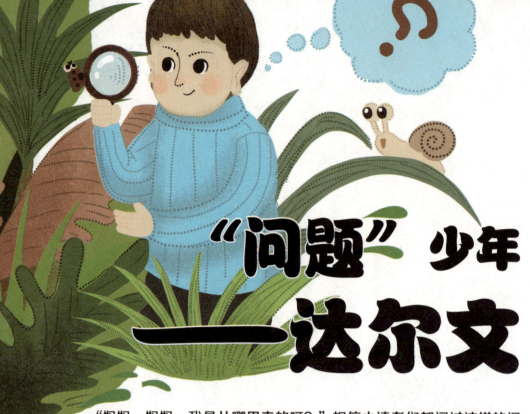

"问题"少年——达尔文

"妈妈，妈妈，我是从哪里来的呀？"相信小读者们都问过这样的问题。于是世界上莫名其妙就出现了一群"垃圾桶里捡来的"和"充话费送的"这样的奇迹儿童。不过，如果你是一个较真的人，与其去垃圾桶里找小孩，不如请教一下我们今天的科学家——达尔文吧！恕我直言，在"你从哪里来"这件事情上，他比你妈妈更清楚呢。

名人小档案

姓名： 查尔斯·罗伯特·达尔文　　**国籍：** 英国
生卒： 1809年2月12日—1882年4月19日
职业： 生物学家
爱好： 观察　　　　**必杀技：** 十万个为什么
成就： 历时20年撰写了《物种起源》，被誉为19世纪自然科学的三大发现之一，让人们意识到了竞争和淘汰是无处不在的，这场改变了人类世界价值观的革命，至今仍没有平息

门外的空气才新鲜

达尔文的求学生涯是在被开除和被质疑中度过的。

他从小就是个好奇宝宝,经常会在森林中观察小鸟的动作,观察树木,观察一切肉眼可见的生物,而且,他的并且内心世界十分丰富,对于自然界的各种现象有提不完的疑问。没错,这也是达尔文首次被学校劝退的原因——他问题太多了(顺便一提,包括"妈妈,我是从哪里来的")。

另外,在达尔文的父亲眼中,他的儿子是个游手好闲、不务正业的顽童。家族两代都是有声望的名医,到他这一代,怎么会出了这样一个不想继承祖业,整天爱在野外打滚的"怪胎"?难道这人以后想种田?

这可不行,为了让他"改过自新",达尔文16岁时就被家人送去爱丁堡大学学医——那可是无数人挤破脑袋都想踏入的学府!但达尔文依旧我行我素,一天天不是抓小虫就是拔野草,玩耍得十分自在,所以没过多久就被老爸"转移"到了剑桥大学神学专业。是的,剑桥大学!这一次,老爸的意思是:我儿子当医生是没戏了,那么就让他成为一个令人尊敬的牧师吧。可怜天下父母心!

然而,在达尔文眼里,就算从"顶级学府"来到了"顶呱呱级学府",也不过就是换了个地方做标本、写观察日记罢了。唯一的不同之处,在这里,达尔文还结识了当时著名的植物学家J.亨斯洛。谁能想到,这位老师最中意的学生,竟然来自神学专业。

这对师生兼好友常常一起在英国的农村散步,一边走,一边观察植物和其他生物的活动。亨斯洛的出现,让达尔文从一个特立独行的玩闹分子,彻底地成为一个刻苦的自然主义者。

达人轶事

达尔文是个极其厌烦传统课堂的人。只待在教室里听课，那满足不了达尔文的学习兴趣，他更喜欢到野外采集标本，到大自然中去开阔他的眼界。达尔文晚年在为子女写的自传中，回顾自己接受的学校教育时，完全没有好话："剑桥那3年，我在课业上花的时间完全浪费了，与在爱丁堡大学和中学的情况完全一样。"

我们是同一个祖先吗？

19世纪30年代，一个造物论盛行的年代，人们普遍信仰"物种不变论"——认为世间万物从出现便不再改变，几十亿年前，人就是人，猴子就是猴子。

那年，当英国海军让亨斯洛提名一个自然主义者参与英国皇家海军舰艇小猎犬号（也称比格尔号）环球航行时，他毫不犹豫地推荐了自己的学生达尔文。你可别以为这是"豪华游轮七日游"，在这长达5年的旅途中，达尔文不仅严重晕船、发烧，得过胃肠道病、皮肤病，还被石头绊倒过，被虫子咬过，要多惨有多惨。好了好了，我们撇开这部分充满艰辛的经历不说，这场环球航行的重大意义在于：达尔文由此记录了大千世界中的自然景观，还不惜笔墨地描绘了各地的风土人情，甚至让他对一切生命均由造物主创造的神学观点产生了怀疑。

他在海拔4000米的山峰找到了贝壳化石，在南美洲发现了物种的交替，甚至他惊奇地观察到，自己在不同海岛上捕捉的同一种燕雀，竟然长着截然不同的喙。这些发现让他惊喜万分。他认为，物种不是一成不变的，它们会随着客观条件的不同而发生变异，而这个客观条件，就是大自然。

比格尔号双桅船，历史名舰之一，英国海军的方帆双桅勘探船。1831年12月27日从英格兰的德文波特出发开始环球航行，目的是绘制航海地图。1836年10月2日返回英国。达尔文以博物家的身份参加该船的环球航行，对热带和亚热带地区的动植物进行了广泛的考察，据此创立了进化论。

"这个疯子！"

比格尔号的征程告一段落，但对于达尔文来说，另一段旅程才刚刚开始。这一次，达尔文直接向世界发起挑战。他整理了自己的航行日记，对5年内所有的奇妙见闻进行了分析和思考。20年后的某一天，伦敦的众多市民涌向一家书店，争相购买一本刚出版的新书——《物种起源》。这本书第一版一共1250册，在出版之日即全部售罄。

原来，世界上形形色色的生物都不是上帝的特殊创造物，而是"若干少数生物的直系后代"！它们本来属于同一祖先，但由于生存环境的变化，往不同方向不断发展、进化，从简单到复杂，从低级到高级。这种发展和进化，不是什么超自然力量的干预，而是自然界内部矛盾斗争的结果。

达尔文的言论一出来，从反动教会到封建御用文人都狂怒了。因为《物种起源》沉重地打击了神权统治的根基，甚至有30位皇家学会会员与40位医学博士，联名发表宣言反对达尔文，认为他的学说荒诞至极。达尔文当年是如何回应的，我们无从得知。正如曾经有100名德国科学家也联名反对相对论，爱因斯坦得知后只是淡淡一笑："如果相对论真的错了，不需要100人，只要一个人能够指出就行了。"

亚健康家族

你大概疑惑，20年的分析研究，需要大量的文字整理和归纳叙述，达尔文是怎样忍受这样枯燥无味的生活？难道他真的是个全心全意为科学献身的圣人？其实人家也不是不想出去玩耍，只是没办法，因为身体不允许。

他患有严重的胃病，常间断发作消化道症状，如胃肠道痉挛、胀气、恶心呕吐和口腔溃疡，还出现了神经系统症状，以及皮肤湿疹、红斑、脱皮，关节痛和肌肉抽搐、乏力症状，状况时好时坏。一个熟识他的人曾经这样描述那个时期的达尔文："看起来就像个幽灵。"

不仅达尔文本人，他的表姐（也是他的妻子）艾玛·韦奇伍德·达尔文也患有严重的头痛；艾玛的叔叔汤姆·韦奇伍德也有长期乏力的症状；达尔文的哥哥因为身体不好而没有工作；子女中也有几个身体不健康，比如弗朗西斯·达尔文描述自己经常感到冷热无常，而安妮·达尔文在9岁时就夭折了。达尔文的曾孙女格温·达尔文在其作品中就曾提到达尔文家族是"出了名的身体不好"。

这一大家子可不是娇生惯养，有人猜测，可能是达尔文家族和韦奇伍德家族多次近亲婚配，导致某些致病基因富集，才造就了两个如此体弱多病的家族。

虽然疾病令人懊恼，但这也使达尔文有很多时间待在家中。这种快乐肥宅般的生活让他可以专心地思考、实验、著述，从而留下大量著作，为生物学的发展做出了多方面的开拓性贡献。达尔文为后人留下的文字材料之多，研究他的思想、生平的著作之多，在科学大家当中罕有其匹。悄悄地说一句，这大概是他个人的不幸，却是后世的幸运吧。

达人冷知识

达尔文是位十分严谨的科学家，但一谈起恋爱就成了钢铁直男。他在向艾玛求婚之前，在纸上写下了"结婚"和"不结婚"，并罗列了各自的优缺点（比如结婚的优点："总有人陪着""有个到老的朋友""至少比条狗强吧"；结婚的缺点："没有多少钱买书了""会浪费很多时间"）。

再三纠结之下，他选择了求婚并与父亲一同拜访了艾玛，但他见艾玛说的第一句话，居然是先向她介绍自己的物种进化理论……（小伙子请问你是来求婚还是来推销啊！）

不得不说，这个晚年发福严重的老头是个温柔而勇敢的人，他对于自然永远抱有孩童般的天真，树枝上的每一只小鸟，马路边的每一片落叶，在他看来都大放异彩，有着探寻不完的秘密。

别看达尔文留着大胡子，他的每一个人生抉择都带有少年般的叛逆，靠着那双会观察的双眼和手中奋力书写的笔，与世界上的主流学派勇敢抗争，冲破笼罩世人的迷雾，最终把光明带给人类。

趣味小实验

达尔文从小就喜欢观察动植物,还专门准备了一个记事本,后来的那一本《航海日记》更是奠定了进化论产生的基础。

请你观察一种植物以及一种动物,并写出一份有趣又科学的观察笔记吧!

动物名称:树懒

颜值长相:有点儿像猴子,但头短圆,毛发蓬松又长厚,由于身上附着藻类植物,外表呈现绿色。

喜爱的食物:树叶、嫩芽、果实

兴趣爱好:树懒是一种奇懒无比的动物,除了进食,其他时间就吊在树上睡大觉。

植物名称： 豆芽
外貌特征： 纤细白净的身躯上长有一对嫩黄色的子叶。

豆芽日记

日记\日期	第1天	第2天	第3天	第4天	第5天	第6天
今天我长高了吗？	直径约5毫米的黄豆粒		发芽啦！			出土部分大约3厘米
气色			长出来的嫩芽饱满又白净，让人想起了酒酿小丸子			
精神状况	看起来圆润光滑，这"孩子"一定能健康成长		虽然还不足以挺直腰杆，但看起来"皮肤"保养得不错～			两瓣子叶基本脱落，长出了淡黄半透明的新叶！

37

微生物猎人——巴斯德

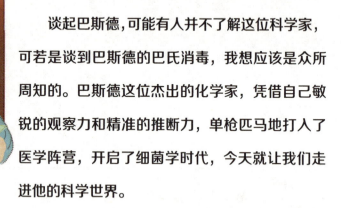

谈起巴斯德,可能有人并不了解这位科学家,可若是谈到巴斯德的巴氏消毒,我想应该是众所周知的。巴斯德这位杰出的化学家,凭借自己敏锐的观察力和精准的推断力,单枪匹马地打入了医学阵营,开启了细菌学时代,今天就让我们走进他的科学世界。

名人小档案

姓名:路易·巴斯德　　　**国籍**:法国
生卒:1822年12月27日—1895年9月28日
身份:微生物学家、化学家　　**爱好**:消毒
必杀技:细菌防御术
成就:发现了微生物。巴斯德发明的巴氏消毒法被广泛地使用到食品行业。一次偶然的机会,他发现死对头病菌也可以变成防病的友军,从而找到了治疗狂犬病的方法

初次结识微生物

谈起巴斯德和他的微生物,可谓是渊源颇深,故事还要从他与蚕宝宝的故事说起。

有一天,一个蚕宝宝养殖大户找到了巴斯德,所为何事呢?原来养殖场的很多蚕宝宝都患上了一种怪病,却没办法找到染病根源,这位养殖大户只好找到巴斯德,请见多识广的巴斯德帮助他走出困境。

巴斯德答应帮助这位养殖大户,便很快投入研究之中。他在患病的蚕宝宝体内发现了一种小球,这个小球用肉眼根本发现不了,只有在显微镜的帮助下,巴斯德才能观察到它的原形。巴斯德猜想,这小球就是使蚕宝宝患病的元凶。

于是巴斯德决定让蚕妈妈隔离生产,然后再挑选出体内没有小球的蚕妈妈的卵进行孵化。可是这一次他的实验失败了,新出生的蚕宝宝依旧被病魔缠身。巴斯德整天绞尽脑汁地思考到底是怎么回事,甚至在这段时间他还患了中风,身体大不如前。而他自己的两个儿子也意外患病死去。在身体和精神的双重摧残下,巴斯德仍旧咬牙坚持,继续完成他的实验。

第二次,他将患病的蚕宝宝捣碎,将它们的尸体涂抹在新鲜的蚕叶上,喂给健康的蚕宝宝。没过多久,这些健康的蚕宝宝也患上了疾病,不久就死去了,并且身体里布满了神秘小球,就连它们产出的卵中也含有这种神秘小球。

这回,巴斯德非常肯定,这种小球就是致病因,而且它还是一种活着的生物,可以将病毒从上一代传给下一代,或者通过食用被污染的桑叶而患病。所以只需要处理好死病蚕和它们产下的卵,并且不让得病的蚕宝宝和健康的蚕宝宝相互接触，就可以控制病情的蔓延。

后来酿酒商们的酒也出现了问题，他们找到了富有经验的巴斯德来帮助他们解决问题。巴斯德借助显微镜，发现变质的酒中除了酵母菌以外，还有一些杆状物，而正常的酒中却没有这些杆状物。所以他便取了一些变质的酒放在了培养基里面，以验证是不是杆状物在捣鬼。

过了一段时间，他发现培养基中的杆状物变多了，可以证明这些杆状物就是微生物，它们能够不断繁殖，最终使酒变质。若想使酒保持原先的风味，只需要将这些杆状物从酒中剔除。巴斯德想到了将酒隔水加热的方法，只需要大约60℃左右的温度即可杀死这些讨厌的东西。这就是我们所熟知的巴氏消毒法。

巴氏消毒

巴氏消毒法又可以叫作低温杀菌法，它的特点是在保持食物风味、不影响营养物质的前提下，将病毒杀死。一般细菌不能在68℃以上的温度下存活30分钟，所以经过巴氏消毒后，大部分的有害细菌都能被杀死。

以毒攻毒

在当时，狂犬病还是一种不可治疗的疾病，一旦感染上，患者就会有将近100%的概率死亡。有一天，一个叫作约瑟夫的男孩被邻居家的狗咬伤了。后来经过检查，人们发现咬伤约瑟夫的这只狗正是患上了狂犬病，才发狂咬人的。

约瑟夫正面临着死亡的危险，他的家人听说一位叫作巴斯德的科学家对狂犬病颇有研究，于是便将他送到了巴斯德的身边，期盼着巴斯德能够拯救这个孩子。

此时，巴斯德的狂犬病毒实验进行得差不多了，他已经给好几只狗治疗过，这些狗没有再出现过狂吠、到处乱咬的症状，很明显，狗狗们的狂犬病已经被治好了。

可是人是人，狗是狗，用药的剂量不一样，巴斯德也无法确定是否能将这个小男孩治疗痊愈。在男孩的家人的百般恳求下，巴斯德进行了实验。他将一种神秘液体注射到小男孩的身体中，实验需要15天的疗程才能看出治疗药剂是否有效。

巴斯德怀着忐忑的心情，一天一天等待着，就怕哪一步出现差池，让这个小小的生命早早凋谢。但他没有告诉小男孩的是，他给他注射的神秘药剂其实就是狂犬病病毒，只是与普通的狂犬病病毒不一样，这支病毒药剂的毒性很低，它的作用只是让人体内产生抗体，在狂犬病毒还没有侵入人的大脑之前，就消灭掉体内的狂犬病毒，可以说这是一种以毒攻毒的治疗方法。

终于经过漫长的 15 天后，小男孩的病情没有恶化，实验成功了！可是狂犬病毒疫苗此时还不能面世。因为仍然有一股力量在阻止巴斯德，那就是迂腐、陈旧的法国国家医学院。他们始终不相信是微生物这种看不见的东西，导致了人体的各种疾病。

狂犬病

狂犬病通过被患病的动物咬伤或抓伤传染，不只是狗会传播这种疾病，发病的猫、猪、牛、马和蝙蝠也能传播。

患狂犬病的人会表现出怕水、怕风等症状，这种病的致死率接近100%，所以小朋友们如果被动物咬伤，一定要及时去医院注射狂犬疫苗。

狂犬病毒疫苗面世

巴斯德一直等待着，他需要一个契机，将他微生物的理论推广给更多的人。与此同时，巴斯德的理论体系也日趋完善。

有一天，一位少年英雄在一只疯狗的口下，挽救了 6 条生命，但他却不幸被疯狗咬伤，患上了狂犬病。他找到巴斯德，恳请巴斯德为他治疗。巴斯德经过上一场战役后，他有信心能够将这位少年英雄治好。

经过 10 多天的苦战，这位少年英雄彻底痊愈了。这正是一个大好的时机，可以让巴斯德的新观念流行起来。

法国国家医学院一直不赞同巴斯德的实验成果。但巴斯德治愈了被疯狗咬伤的英雄，人们爱戴英雄，只要依靠群众的力量，就能迫使国家医学院接受这种新兴的治疗观念，这样更多的人就可以得到帮助，从可怕的狂犬病毒阴影中走出来。

皇天不负有心人，通过巴斯德不断的抗争与努力，法国国家医学院终于接受了巴斯德的理念。之后巴斯德还受邀请参观了医院，但他惊呆了，因为医院里的人没有一点卫生观念，他们甚至从未意识到还有细菌这种东西存在。在那里，由于医生的错误操作，细菌大量繁殖，最终导致病人死亡的可能不是疾病本身，而是细菌感染！

有洁癖的巴斯德见到医院的此情此景，忍耐不住了，他向医护人员倡导，手术室应该保持干净整洁，防止细菌滋生；医生在进行手术前应该洗净双手；手术使用的器械也应该在手术前，进行消毒；绷带和亚麻布在使用前，也需要经过150℃的高温消毒方可使用。逐渐地，他的观念被绝大多数人接受，临床上因细菌感染而死亡的人数也减少了很多。

曲颈瓶

巴斯德猜测，也许正是这些微生物导致了食物变质，所以他想到了一个办法。他制作了一个曲颈瓶，将食物放进曲颈瓶内，接着给食物进行高温消毒，观察食物变质的情况。正如巴斯特所猜测的，食物没有变质。这是因为曲颈瓶弯曲的瓶颈，使细菌无法进入容器内。而经过高温消毒的食物没有细菌，所以既没有细菌在瓶内滋生，也没有细菌掉入容器中进行繁殖，食物才得以长期保存。

趣味小实验

制作一碗米酒

大家有没有喝过米酒呢？米酒只有经过发酵后才有它独特的风味，是不是有点嘴馋，想喝上一碗米酒了呢？那就根据下面的步骤，一起给爸爸妈妈、爷爷奶奶做一碗甜甜的米酒吧。

准备材料

大米、甜酒曲、纯净水、蒸锅

1. 浸泡

1. 把糯米洗净，浸泡在水中12～24小时。

12～24小时

2

2. 将蒸锅里铺上屉布，把泡好的糯米均匀撒入其中，盖上锅盖，蒸20～30分钟。或者用电饭煲把糯米煮熟也可以。

20～30分钟

3. 糯米蒸好后,将其盛出,等待它冷却,大概温度和人的体温差不多时,放入酒曲与糯米搅拌。

4. 将糯米中间挖一个小孔,再次将酒曲轻轻地撒在糯米的表面上。记住1000克糯米加4克酒曲。

5. 静置,等待发酵,36~48小时即可,接着在酒酿中加入等量的纯净水,搅拌均匀,静置一天后,将糯米和液体分离,就变成米酒和酒糟了。

为化学元素找"家"
——门捷列夫

门捷列夫这位来自俄国的科学家，对化学界的影响可谓是异常深远。对！他就是那个发明元素周期表的人。对！他就是《化学原理》的作者。对！他就是我们今天要讲述的科学家。

名人小档案

姓名： 德米特里·伊万诺维奇·门捷列夫
国籍： 俄国
生卒： 1834—1907 年
职业： 化学家
爱好： 玩元素纸牌、制作箱包
必杀技： 化学元素归纳术
成就： 发现了元素周期律，发明了元素周期表

俄国的化学巨头

门捷列夫出生于俄国，身上流淌着俄罗斯民族顽强奋斗的血液。门捷列夫在化学元素探索的道路上走得十分艰难。那是一个寒冷的冬天，门捷列夫在俄国的西伯利亚地区出生了。门捷列夫的父亲是一名教师，他的母亲是一位商人的女儿。门捷列夫有 17 个兄弟姐妹，可是因为天气环境恶劣、家庭条件

艰苦，许多孩子还未长大就夭折了。老天似乎并不打算放过这个凄苦的家庭。门捷列夫不到一岁，他的父亲因白内障手术失败而失明，在门捷列夫十二三岁时，他父亲就因病去世了，母亲孤身一人撑起了这个家，将子女拉扯抚养长大。母亲明白，只有孩子们好好学习，才可以摆脱贫困的生活，过上幸福的日子，所以母亲总是教导门捷列夫，要在学习的道路上不断求索，成为一个有用之人。小门捷列夫也十分懂事，一直刻苦学习。

1848年，门捷列夫考入彼得堡专科学校，这一年他才14岁。1850年他进入彼得堡师范学院学习化学。21岁毕业后，他决定去当一名教师。门捷列夫虽然身材高大，看着像个粗犷的汉子，可他却是一个孩子控。他前前后后在多个地方担任教师，那个时候当教师可不容易，职位非常稀缺，所以门捷列夫又在教师行业上开始了他的长跑，开研究课，指导学生研究实验，兼职撰写教育文章，当家庭教师等，他都干过。

教着教着，门捷列夫的知识储备快不够用了，于是他前往德国深造，为进行化学研究打下坚实基础。

三年后，门捷列夫回到俄国，这时俄国正在进行废除农奴制的改革，局势不稳定，门捷列夫也因此失去了工作，生活穷困潦倒。他四处兼职，什么可以赚钱，他就干什么，还记得他之前兼职写稿赚钱吗？这不，他又干起这行来，在4个月内写出了一本《有机化学》，这可是俄罗斯第一本有机化学书。写稿不仅让门捷列夫摆脱了暂时的困境，还让他学习到了很多新的化学知识。

1867年，门捷列夫有幸得到机会去参观法国、德国等国家的工厂和实验室。看着别人琳琅满目的实验成果，门捷列夫心里也痒痒的。回到自己的实验室后，门捷列夫撸起袖子，大展拳脚，将他之前搜集的元素资料重新整理一遍，写在小卡片上。

1869年，门捷列夫终于厘清了元素之间的关系，并制作了一张元素周期表，使化学学习和化学研究变得有规律可循了。

元素卡片王者

门捷列夫有一个小癖好，他喜欢将元素的性质和特征写在卡片上。每张卡片代表着一种不同的元素。门捷列夫收集的卡片越多，不同化学元素的共同特性也逐渐显露出来，可是似乎有一层薄纱笼罩着元素之间的某种联系，门捷列夫绞尽脑汁，也无法揭开这个谜题。

也许出门历练一下，积累些经验，情况会好一些，他一出门就是8年。回到俄国后，门捷列夫的知识积累丰厚了许多，果不其然，当门捷列夫又拿起他的那些心爱的卡片时，似乎一切都清晰了，他将这些元素卡片按照原子量的大小排序，这时他发现了一个很有趣的现象，那就是原子量相差比较大的元素，它们之间的化学性质很相似，而那些原子量相差比较小的元素，它们化学性质迥异。

门捷列夫的元素表，还有一个非常特殊的地方，他并没有把所有的元素都列在这张表上。根据化学元素的周期性和规律，他知道人们还没有找到所有的元素！门捷列夫特意为这些元素预留了一个房间，在元素表上挖出了一些空，等待那些未知元素的到来。就好比锌和砷，门捷列夫预言，锌元素和

砷元素之间一定还有两个元素尚未被发现，他判断这两个元素的性质，一个肯定是与硅元素的化学性质相似，一个肯定与铝元素的化学性质相似。后来，通过后人的探索，发现了镓元素，果然正如门捷列夫所预言的那样，它的化学性质与铝相似。

我们可以把化学世界想象成一个图书馆，图书馆的书可以看作是元素，而门捷列夫的工作就是图书管理员。历史上前仆后继来了许多科学家，他们都走进化学这个图书馆，分别研究单本独立的图书，而门捷列夫跳出书海，纵观整个图书馆，思考如何将这些图书之间的联系找到，给所有的图书分类，让图书馆的书能够有序、系统地摆放。

世间万物都是由原子构成的,而原子能构成的最小的东西就是元素。

元素之说并不是在近百年内流行起来的,早在千年前,人们就有了对元素的看法,古巴比伦和古埃及的人认为水是构成世间万物的元素,后来又加上了空气和土,形成了三元素说。中国古代也有元素说,想必大家一点也不陌生,那就是五行学说中的金、木、水、火、土。古希腊人提出了四元素学说,这些元素分别是土、气、水和火。

而我们如今所说的元素,其实就是化学元素,现在人们已经发现了118种化学元素。

元素周期表上有7个周期,一横行算作一周期,有17个族,一纵行叫作一族。

不一样的门捷列夫

门捷列夫不是我们想象的那种一猛子扎进化学世界不出来的人,除了化学,他还有很多别的小爱好。说出来也许你不相信,门捷列夫是个箱包爱好者——他不收集箱包,而是手工制作箱包。是不是没想到这个男人的内心还有细致的一面呢?他制作的箱包质量还出奇得好,受到很多人的青睐。

门捷列夫不仅会做些小玩意儿,还会造船!他的梦想就是驾着自己制作的小船,驶向北极。这里要多说一句,人家住在俄国啦,而且出生于西西伯利亚地区,与北极相接,所以开着小船去北极要要还是很近的。门捷列夫还为Ermark号北极破冰船的建造出了一份力呢。

话说,虽然门捷列夫这么优秀,但是他从来没有得过诺贝尔奖,你说奇不奇怪?据说门捷列夫有三回与诺贝尔奖就差一步之遥了,最后却失之交臂。

北极航行

最适合去北极航行的时间是夏季,夏季温度比较高,冰川消融,航船遇到的危险会小一些,随船人员也不会感觉太冷(相比冬天而言),而且此时北极圈内出现极昼现象,视线好,可工作的时间长。所以科考人员前往北极,通常会选定夏季作为出发时间。

看看门捷列夫的一生

1834年,门捷列夫出生。

1850年,门捷列夫于圣彼得堡师范学院毕业。

1855年,门捷列夫获得教师资格。

1857年,门捷列夫担任大学副教授。

1860年,门捷列夫参加国际化学家代表大会。

1865年,门捷列夫获得博士学位。

1893年,门捷列夫担任度量衡局局长。

1907年,门捷列夫逝世。

电气大师特斯拉

作者：MO

如果你很关注新科技，对美国那家把电动跑车送上太空的著名公司一定不陌生。那家公司的名字叫"特斯拉"，经常制造大新闻。你知道吗？这家公司的名字来自一位伟大的发明家。

名人小档案

姓名：尼古拉·特斯拉　　**国籍**：美籍塞尔维亚人
生卒：1856年7月10日—1943年1月7日
职业：发明家、机械工程师、电气工程师、语言学家
爱好：散步　　　　　　　**必杀技**：我的超前谁能懂
成就：成为交流电之父，放弃交流电专利权，懂8种语言……

年轻的梦想家

1884年6月6日，一个二十多岁、瘦瘦的年轻人来到纽约。他从欧洲出发，一路上经历了好多波折。他丢了钱，还经历了一场危险的暴动。当他从船上下来，踏进纽约的时候，他的兜里只剩4分钱了。他就是特斯拉，一心想来到纽约，想在这里实现自己的梦想。在这里，他早就想要拜访一位著名的发明家，这位发明家就是爱迪生。早在欧洲的时候，特斯拉就非常仰慕爱迪生。他托人写了一封信给爱迪生，那人是爱迪生的朋友。信的内容很简单，写信人

说他只见过两位天才，一位是爱迪生，另一位就是特斯拉。

特斯拉出生在克罗地亚，他极富想象力，很小的时候就设想如何利用瀑布的力量。当他了解了尼亚加拉大瀑布之后，这道位于美国的壮丽景观就被纳入了他的蓝图。而最终，他实现了儿时的梦想。

特斯拉的愿望与其父亲的打算是背道而驰的。父亲希望他能继承自己的行当，当一名神父，可特斯拉一心想要学习工学。17岁那年，特斯拉走了一遭鬼门关，他染上霍乱，险些丢掉性命，然而这场大病也帮了他的忙。当父亲来到他的床前时，气息奄奄的特斯拉说出了自己的愿望，他说父亲如果允许他学习工学，没准他就能好起来。父亲立刻答应，并要送他去最好的地方学习。打那以后，特斯拉的病真的好了起来。

在大学里，特斯拉对电气产生了兴趣。那时的电机用的都是直流电，而特斯拉认为交流电的作用更大。可是，当他把利用交流电的想法告诉授课的教授时，得到的回复却是嘲笑，老师和同学都认为那是不可能的。

关于使用交流电的想法一直萦绕在特斯拉的脑海中。大学毕业后，特斯拉在工作之余经常去公园散步。一天傍晚，太阳西沉，面对夕阳余晖，特斯拉灵感迸发，使用交流电的电机慢慢在他脑海中成形了！

在欧洲，特斯拉无法实现自己的构想。此时，大西洋彼岸的爱迪生已经因为发明电灯和在电力系统方面的贡献蜚声世界。特斯拉认为爱迪生会帮助他实现愿望。但事实上，事情却不是那么简单。

特斯拉的胜利

特斯拉找到了爱迪生,他的第一份工作是在爱迪生的公司里维修和提升直流电器的性能。爱迪生还告诉特斯拉,如果他能做好,就给他5万美元奖金。5万美元在当时可是个巨大的数目,爱迪生开了个玩笑,可特斯拉却当真了。特斯拉加班加点,工作很出色,当他向爱迪生索要奖金的时候,自然是被拒绝了,这让特斯拉气愤不已。

特斯拉在爱迪生公司的另一份工作是为铺设电缆挖壕沟。这对瘦弱的特斯拉来说,很是煎熬。他关于交流电的想法呢?爱迪生是拒绝交流电的。

无法从爱迪生那里获得支持,特斯拉只好自己研制交流电器。他租了一个地方作为实验室,完成了自己的构想。1888年5月,他向人们展示了自己的发明。特斯拉早就明白,如果交流电器能够成功研制出来,使用交流电会成为趋势。交流电有很多优点,比如能输送到很远的距离,这样就不用建很多发电站。而直流电却需要更粗的线路,而且要四处建设发电站。

那个时候,西屋公司与爱迪生的公司互相竞争。当看到特斯拉的研究装置后,西屋公司很快便决定采用这种新发明。然而,交流电的推广并非一帆风顺,最大的阻挠便来自爱迪生。虽然直流电也有安全隐患的,但爱迪生大肆宣传交流电的危险。

特斯拉也试图解释人们的困惑。这场激烈的交锋直到1893年才宣告结束。这一年,世界博览会在美国的哥伦比亚举行。这场博览会计划用电灯来照明,由哪家公司来供电是最终的决战。爱迪生所在的公司给出了报价,而交流电的成本更便宜,西屋公司给出的价格足足低了一半。通过这次世博会,交流电最后胜出。

一直以来,美国人就想利用尼亚加拉大瀑布蕴藏的强大能量。世界博览会后，尼亚加拉大瀑布发电站开始建设，特斯拉儿时的梦想终于可以实现。此前，人们还从未建设过这么大规模的发电站，工程到处充满了疑问和困难。发电站要产生两万多伏的高压电，经过远距离的传输后，用变压器降到家庭和工厂可以使用的电压。

最终，特斯拉投身建设的巨大发电站成功运转起来。特斯拉因此名声大噪，备受尊重，一家有名的餐厅甚至为他准备了专门的餐桌。正是交流电的使用为"电气时代"注入了强劲的动力，而幕后的英雄便是特斯拉。如今，家庭使用的电压是220伏，这个标准就是特斯拉参与制定的。提醒一下，生活中大家可一定要注意用电安全。

闪电魔法师

在实验室中,特斯拉发现了能量在空中传导的神奇现象。在研究的过程中,他找到了无线电发收的方式,并申请了专利。此时,英国的马可尼也在进行无线电的研究。今天我们用手机互相沟通就是依托无线电。无线电是一种电磁波,跟点亮灯泡的电可不是一回事。

特斯拉还做出了无线遥控的装置,那是一艘小船。当他在一个水池边,利用无线电遥控这艘船的时候,惊呆了围观的众人。然而,特斯拉最感兴趣的却不是无线电,他有个更宏大、更匪夷所思的计划,他要研究无线输电,试图找到不用电线就能传送电的方法。大自然中的闪电给了他思路,因为闪电便是通过空气从云层向下传送的。

1899年,特斯拉去斯普林斯市,在郊外建起一个实验室。实验室的房顶上伸出一根高高的金属杆,金属杆的外面包着一层铜,顶端是一个圆球。事实上,这是一台巨大的人造闪电机器。一天夜晚,金属杆的顶端迸射出一束束几米长的闪电,并发出打雷般的声音。紧接着,整个斯普林斯市陷入了黑暗。特斯拉的实验把城市的供电系统搞坏了。

特斯拉没有停止实验,仍旧像故事中的魔法师一样,在黑夜里,一串串电光从他的小屋顶上射出。在这里,特斯拉还有了意外收获,他的装置接收到了一串无线电信号。特斯拉认为这串信号来自外星。报纸报道了这件事,除了人们的好奇,特斯拉也受到了一些嘲讽。事实上,太空中并不缺少无线电波,而特斯拉也许是第一个接收到的人。

闪光的塔

在斯普林斯市进行了一系列实验后，特斯拉回到了纽约。他为一家杂志写了一篇文章，提出了好多构想，比如用天线接收太阳能、利用电能改变天气。其中，建立一个全球无线通信设施的设想吸引了一位大投资人的注意。特斯拉拿到了一笔钱，着手进行下一步的实验。与此同时，马可尼的无线电研究取得了进展，但是当他申请专利的时候，由于跟特斯拉的设计有雷同，结果被拒绝了。

特斯拉在纽约长岛建了一个巨大的塔。但是他进行的并不是无线通信的实验，而是研究无线输电。很多个夜晚，这座塔射出电光，发出阵阵轰响，有一次甚至产生了像极光一样的现象。然而，无线输电却始终没能成功。

1901年，马可尼的无线通信装置试验成功，一条信息——字母"S"从英国发出，不经过导线，送达美国并被接收到。忙着自己实验的特斯拉毫不在意，他说："马可尼是个好家伙，让他继续吧，他用到了我17项专利。"但是特斯拉的投资人已经动摇了，得知特斯拉的实验内容后，他便撤资了，转而投给了马可尼，而专利局也批准了马可尼的专利。

这次打击是巨大的，特斯拉一下变得穷困潦倒。1909年，马可尼获得了诺贝尔奖。愤怒的特斯拉决定起诉马可尼侵权，然而因为没有钱在美国打官司，他最后又不得不放弃了。

后来的日子，特斯拉靠朋友接济和做技术顾问的微薄薪水度日。他喜欢上喂鸽子，也仍旧会沉浸在自己的小实验室中。可他提出的新想法常常被认为是匪夷所思的，不受人们重视。第二次世界大战爆发后，为了对抗法西斯，他还构想了一种利用闪电抵抗战机的武器，然而并没有被采纳。1943年新年刚过，推动"电气时代"大发展的特斯拉孤独地去世了。

趣味实验

特斯拉做的实验一般人可搞不定。如果家庭和工厂里用电不安全,也是非常危险的。下面这个实验与电有关,是摩擦起电。

材料

两根玻璃棒、小块丝绸、两根橡胶棒、小块毛皮、细线。

1. 用丝绸分别摩擦两根玻璃棒。

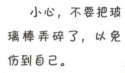

小心,不要把玻璃棒弄碎了,以免伤到自己。

2.再用毛皮分别摩擦两根橡胶棒。

3.用细线把一根玻璃棒吊起来,用另一根玻璃棒的一端靠近,观察现象。

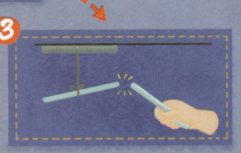

4.用细线把一根橡胶棒吊起来,用另一根橡胶棒的一端靠近,观察现象。

5.把一根玻璃棒吊起来,用橡胶棒的一端靠近,观察现象。

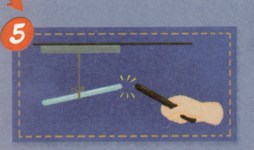

原理

我们发现,实验中玻璃棒靠近玻璃棒时会互相排斥,橡胶棒靠近橡胶棒时也会互相排斥。而当橡胶棒靠近玻璃棒的时候会互相吸引。这是因为玻璃棒用丝绸摩擦后,带上了正电荷;橡胶棒用毛皮摩擦后,带上了负电荷。同种电荷互相排斥,异种电荷互相吸引。

世纪巨星爱因斯坦

如果你在20世纪四五十年代的欧美街头采访，询问路人"谁是世界上最聪明的人"，十个人中有八个人会回答："爱因斯坦。"这其中又有一两个人会很震惊地反问你："你居然不知道爱因斯坦？！"

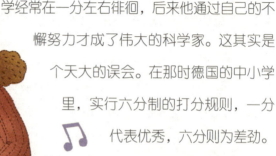

名人小档案

姓名：阿尔伯特·爱因斯坦
国籍：德国→瑞士、美国（双重国籍）
生卒：1879年3月14日—1955年4月18日
职业：物理学家　　**爱好**：音乐、散步
必杀技：超前，超前，超前！
成就：多到不胜枚举。最为人所知的就是提出了相对论，使现代物理学乃至整个人类的思想水平都上升了一个台阶。另外，他还提出了光子假设、质能公式、宇宙常数……

我的成绩好着呢

相信很多人都读过这样一个故事：爱因斯坦上小学时，学习成绩很差，数学经常在一分左右徘徊，后来他通过自己的不懈努力才成了伟大的科学家。这其实是个天大的误会。在那时德国的中小学里，实行六分制的打分规则，一分代表优秀，六分则为差劲。

所以，虽然爱因斯坦确实勤奋努力，但他的成功绝非只努力了那么简单。怎么样，是不是让人大跌眼镜？

先合上你表示惊讶的嘴巴，我们一起来看看这位从小就展露了惊人的学习天赋的神童在学生阶段有怎样的成绩单：

9岁，进入中学学习。

12岁，自学欧几里得几何和高等数学。

16岁，自学完微积分（很多大学生直到毕业都没弄明白的数学科目）。

17岁，上大学。

当你还在为一道应用题绞尽脑汁时，爱因斯坦已经在广泛阅读数学、哲学方面的著作了。是不是瞬间就感觉自己技不如人，而且差距不是一般大了？先别着急难过，因为你说不定能在起跑线上赢过爱因斯坦——他3岁才会开口说话，晚于很多同龄人，一度让他的妈妈以为他是个智力低下的孩子。显然，这是她多虑了，那只是"爱因斯坦综合征"的表现——专家们研究发现，有许多智力超群的孩子在儿童时期的说话能力的形成会晚于其他人，而其中的代表人物就是爱因斯坦。

许多档案表明，爱因斯坦一直是个成绩优异的学生，代数、几何、物理等科目他都能拿到满分，即使是最不擅长的语文，他也保持了中等偏上的水平。不过，这种程度的偏科曾给他造成过一点小麻烦，高考时，他因此"复读"了一年。

浑身音乐"细菌"

爱因斯坦曾说，音乐并不影响研究工作，它们两者都从一个渴望之泉摄取营养，它们给人们带来的慰藉也是互为补充的。这不是这位大科学家心血来潮才发表的言论，而是他多年被音乐浸润的肺腑之言。

从6岁在母亲指导下学习小提琴开始，那件乐器就伴随了爱因斯坦人生的每一个重要时刻。当他在学校受了委屈时，当他思考难题而百思不得其解时，甚至当他与其他学者辩论时，他都会拉小提琴。一段段或是激昂或是悠扬的旋律让爱因斯坦的另一面被更多人知道，他也因此和许多人建立了深厚的友谊，这其中就有量子论的创始人普朗克。相同的科学追求让他们一拍即合，而普朗克与爱因斯坦用钢琴和小提琴合奏贝多芬传世名作的事情，也被传为一段佳话。

爱因斯坦常常跟身边的人探讨音乐，这绝非"叶公好龙"。实际上，热爱古典音乐的爱因斯坦是巴赫和莫扎特不折不扣的粉丝，他在音乐上的造诣很高。只是由于他在科研方面的成就实在太耀眼，遮住了他身上的其他闪光点，才会让人忽略了他还是个音乐专家的事实。连一向谦虚的爱因斯坦本人也亲口印证过自己的音乐实力："如果我不是物理学家，我可能会成为一名音乐家。"

奇迹的诞生

1905年对很多人来说只是一个在教科书中出现过的年份，可在科学界，它却是值得用"奇迹"冠名的年份。这一年，26岁的爱因斯坦一口气撰写了6篇论文，发表了5篇，论文内容涵盖了影响之后百年物理学发展的三大理论：分子运动论、狭义相对论和光量子假说。所以，后人常将1905年称为"爱因斯坦的奇迹年"。

科学史上，有两个人用"某某的奇迹年"来命名过年份，一个是在数学、力学、光学三个领域都做出了开创性贡献的牛顿，另一个就是爱因斯坦。

可以说，这三项理论随便拿出哪一项都足以摘取诺贝尔物理学奖的桂冠，尤其是相对论。但诺贝尔奖组委会却迟迟没有行动。以至于在6年后，当爱因斯坦以在光电理论方面的贡献获得诺贝尔奖时，不少人都调侃说，或许诺贝尔奖组委会是经历了"爱因斯坦真厉害，我们一定要给他颁个奖"到"哎呀，这个相对论我们真的看不懂"到"不管了，随便找个理由给他颁奖好了"的心路历程后，才将奖项授予这位天才科学家。

虽说前面的话是玩笑之言，但确实反映了当年爱因斯坦的相对论在科学界的尴尬——因为它实在太超前了，能理解它的科学家凤毛麟角，更别说普通人了。于是科学家们分成了两拨，一拨拼命证明相对论是错的，另一拨则在一边理解理论一边寻求相对论是正确的证据。很长一段时间里，这两拨人势均力敌——他们既不能证明它是错的，也说不出它是对的的原因。

一不小心引领时尚

乱糟糟的如鸟窝一般的白发几乎是所有人心中爱因斯坦形象的标志性定格。很多人觉得他是"不修边幅"的代名词——当科学家一定很忙，要不然怎么会连梳头的时间都抽不出来呢？还有一小撮人到处打听爱因斯坦的造型师是谁——怎么能设计出这么独树一帜的发型？我也要试试！其实，留这个引领时尚风潮的发型并不出自爱因斯坦的本意，从他年轻时候的照片中我们就能知道，他对利落的"大背头"情有独钟。那是什么改变了他的时尚观念？原因很无奈——他患上了一种名为"蓬发综合征"的病，头发超级难梳理不说，就算他把头发剃光了再长，也还是会变成老样子。

如果让爱因斯坦选择一件时尚单品，凉鞋的出镜率可能是最高的。自从年轻时袜子连续被大脚趾撑开了洞，爱因斯坦就不怎么穿袜子了。被解放出来的双脚无处安放，只能搁在凉鞋中。你一定会问，到了冬天怎么办？爱因斯坦会无所谓地拿出后跟系带鞋（这种鞋以女款偏多些），一脚蹬上——反正让他穿袜子是不可能的，绝对不可能。那么，爱因斯坦为什么对袜子如此深恶痛绝？原因很简单——他觉得袜子没有用。

"佛系"运动爱好者

俗话说,身体是革命的本钱。爱因斯坦也深谙此理,不在实验室工作的时候,他常常通过运动的方式强身健体。

第一种运动是航海。爱因斯坦很喜欢驾船出海,并以此为享受。不过,他在海边的邻居却对他的爱好怨声载道——如果让你每天都提心吊胆地做好随时从海里捞起大科学家的准备,估计你也会崩溃。虽然不太擅长,但爱因斯坦勇于尝试,在一次次和风浪的搏击中,他体会到了挑战的乐趣,尽管他其实连游泳都不怎么会。爱因斯坦还喜欢散步,并养成了每天散步的习惯,雷打不动。不过,通常他走的路程不会太长,时间也会控制在半小时以内。他时常一边走路一边思考问题,或许,不少轰动世界的理论就是在他散步的过程中产生的灵感。虽说这两项运动都不能帮他塑形健身,但足以让他在紧张的工作之余得到片刻的放松。

随着年龄的增长,为科学事业呕心沥血了一辈子的爱因斯坦的身体每况愈下。在接受了一系列治疗之后,他最后拒绝了医生为他动手术的提议,非常"佛系"地表示,每个人的生命时长各不相同,无需人为地延长它。

来自爱因斯坦的信

亲爱的来自未来的小朋友们：

跟很多科学家不同，我的实验几乎不怎么需要借助器材，而且人人都能参与其中——只要你有头脑、会想象。我们要相信，理论的真理在我们的心智中，而不是在眼睛里。

来一场头脑风暴

我们把使用想象力去进行的，现实中无法（或未）做到的实验称为思想实验。众所周知的"薛定谔的猫"就是这类实验的代表。

在我们通常的认知中，光是沿直线传播的，可爱因斯坦却说，光可以弯曲。怎么证明他的说法正确呢？请你屏气凝神，和他一起开始一场头脑风暴吧！

请设想这样的画面：

光是沿直线传播的，可爱因斯坦却说，光可以弯曲。怎么证明他的说法正确呢？

1. 你正在一个做着自由落体运动的透明空间中，你像宇航员一样失重了，周围的东西都飘浮起来。你拿着一个小球，松开手后，这个小球在你的眼前飘浮起来。你轻弹它一下，它便沿着直线的轨迹以均匀的速度朝前飞去。

2. 你已经从空间中出来了，现在站在地面上观察被关在那个空间里用手弹走的小球，你发现_____。

3. 如果此时让爱因斯坦拿出手电筒并打开，那在浮于那个空间中的爱因斯坦看来，这束光是沿_____运动的。而对于站在地面上的你而言，看到这束光的轨迹是沿_____运动的。由此可以推论_____。

爱因斯坦小课堂

自由落体运动是指常规物体只在重力的作用下，初速度为零的运动。这里的重力是引力的一种，而引力就是让光线弯曲的"幕后主谋"。

医学史上最强锦鲤——弗莱明

20世纪有这么一个人,如果没有他,第二次世界大战期间可能会死伤更多战士;如果没有他,许多传染病也就无法医治;如果没有他,现代医学不能称为完善。他既不是威名赫赫的将军,也不是妙手回春的医生,但他发现了一个拯救世人的法宝,他就是青霉素的发现者,英国微生物学家——弗莱明。

名人小档案

姓名:亚历山大·弗莱明　　**国籍**:英国
生卒:1881年8月6日—1955年3月11日
职业:微生物学家　　**爱好**:玩细菌
必杀技:青霉素拯救术
成就:发现了溶菌酶,还发现了青霉素,并因此获得诺贝尔生理学或医学奖,堪称最幸运的获奖者

命运的宠儿

弗莱明7岁时,父亲就去世了,母亲一人照顾着他和几个兄弟。16岁时,他自食其力来到一家船务公司工作。20岁,

弗莱明被天上的馅饼砸中了，飞来横财，原来是他未婚的叔叔去世，给他留下了一笔遗产。这笔钱说大不小，弗莱明也没指望着这250英镑能让他过上幸福无忧的生活，于是他便拿着这钱，投资起自己来——没

英国爵位分类

男爵　子爵　伯爵
侯爵　公爵　亲王

错！那就是学习！他的哥哥建议他学医，弗莱明乖乖听从，从这时起，弗莱明才算开始接触起微生物学。他是个超级学霸，经过半年的学习，就通过了学校的16门考试。28岁，弗莱明就已经是一名合格的外科医生了，但是他的兴趣并不在此，最后干脆没去医院上班。

在弗莱明40岁那年的某一天，他患上重感冒，然后意外地发现了溶菌酶。

又过了7年，弗莱明丢下实验室一堆的培养基不管，出去旅游了。回来后，他便发现了青霉素。但他却无法提纯青霉素，于是只好写下一篇关于青霉素的文章，而这篇文章在发表时也并没有引起轰动。

1939年，弗莱明已经58岁了，这时出现了两个后辈，他们受这篇文章的影响，与弗莱明合作，最终提纯了青霉素。63岁时，弗莱明被封为爵士，成为英国皇家学会院士。1955年，弗莱明与世长辞，享年74岁。

培养基

英国爵位

我们经常在电影上看到欧洲宫廷有许多爵位,那么到底有多少个爵位等级呢?来了解一下吧。欧洲爵位有五种,从地位高低排序,分别是公爵、侯爵、伯爵、子爵、男爵。一般封爵要么是给皇亲国戚,要么就是赐予对国家有重大贡献的人。公爵只有皇室至亲才可获得。

擦鼻涕发现溶菌酶

现在看来,弗莱明的实验竟然有些恶趣味。有一天,感冒的弗莱明同平常一样来到实验室,但今天的实验却有点不一样。弗莱明居然把自己的鼻涕抹到了装满细菌的培养基中!就这样误打误撞,过了几天,弗莱明发现自己抹上鼻涕的地方,细菌像是消失了一般,而没有鼻涕的地方,细菌长得很好。"难道我的鼻涕连细菌都嫌恶心吗?"事实并非如此,弗莱明发现人的体液,比如鼻涕、喷嚏中(但是汗水和尿液里没有)含有一种可以溶解细菌的物质,他给这种物质取名为溶菌酶。

培养基是什么?

刚刚上文中提到了培养基,那啥是培养基呢?

培养基是科学家们做实验时用到的工具。培养基用于培养一些微生物和植物,培养基中有着良好的生长环境,给实验对象提供专门为它们打造的生存天地。在这里,微生物们可以说是不愁吃穿了,只需要尽情地繁衍就行。微生物的数量一多,科学家们就可以更好地观察研究它们。

不洗碟子发现青霉素

青霉素未被发现之前，白喉、猩红热等这种传染病，常被人视作不治之症。战士们上战场，只能用盐或者烈酒给自己的伤口消毒，在恶劣的情况下，病情总是反反复复，10个伤员里有1个能存活下来就很不容易。医生做手术时，病患也总面临着手术伤口感染的风险。而这一切的改变，都归功于弗莱明发现了青霉素。

有一天，弗莱明没有把废培养皿洗净消毒，就下班回家，准备去度假了。度假归来后，他惊奇地发现，种有葡萄球菌的培养皿中有一大块惨白色，仔细一瞧，这块惨白色竟然是一种真菌，而且这个真菌似乎有着抑制葡萄球菌的能力,这下弗莱明心跳加速了,"难道这就是可以抑制细菌的天然药剂吗?"对,弗莱明这回确实是无心插柳柳成荫。弗莱明给它取了一个名字叫盘尼西林,它的中文名就是青霉素。

惊喜随之而来的便是尴尬的窘境,青霉素这种东西极难提炼,不是随随便便在培养基上培养一段时间,就可以立马使用的。弗莱明在实验室里收集3年的青霉素,都不够一个病人使用一天。这事就这么凉了吗?不,还没有,请接着往下看。

弗莱明得到新发现后在杂志上发表了一篇有关青霉素的文章,但这个不起眼的小波浪在10年后才翻涌成大潮。

青霉素的使用

青霉素虽然肉眼看上去并不美丽,但是在显微镜的镜片下我们可以发现,它丝丝绒绒的菌丝像极了茂密的丛林,一颗颗孢子就是它们的果实。

其实我们对青霉素并不陌生,不论是在药房还是在医院我们经常能听到它的名字。它是高效低毒的广谱抗生素。在医院打针时,护士姐姐总会问:"对青霉素过敏吗?"接着会让病人打针做皮试,这是因为有些人会对青霉素过敏,情况严重的,甚至会休克。所以先将小剂量的青霉素注射到体内,如果身体没有不适,便可注射正常剂量的青霉素。

但是随着我们经常使用这种抗生素,细菌的抵抗能力也越来越强(耐药性增强)。就好比两个打仗的军队,总是不断地更新自己的武器装备一样。所以现在很多抗生素对某些超级细菌都无可奈何,于是人们开始呼吁减少使用抗生素。

1881年	1903年	1922年
弗莱明出生	弗莱明获得一些遗产,并前往大学学习医学	弗莱明发现溶菌酶

最幸运的诺贝尔生理学或医学奖得主

1939年，惊才绝艳的后辈登场了，并开始着手青霉素提纯的实验。他们就是弗洛里和钱恩。他俩接手了弗莱明一直悉心培养的青霉菌，先用小白鼠做实验，发现青霉菌对治疗细菌感染十分有效。青霉菌会作用于病菌的细胞壁，人类和动物是没有细胞壁的，所以青霉菌不会对人体造成伤害。

青霉菌不能在高温下存活，如果让其生长，它的寿命不够长。所以，他们想到了冻干技术，并用这个技术成功提纯了青霉素。不仅如此，他们发现青霉素特别喜欢长在一种甜瓜上面，之后他们便又获得了大量的青霉素。

终于在1945年，弗莱明、弗洛里和钱恩一同获得了诺贝尔生理学或医学奖。你是不是想说弗莱明太走运了，若是你也有这样的运气，你也可以成为名人呢？其实早在1911年就已经有人在自己的文章中提到过青霉素，可他不怎么重视，也没有进行深入研究。这个世上没有绝对的偶然事件，成功一定有其必然性。弗莱明的成功还应归功于他良好的科学素养和坚持不懈的探索精神。当然我们也不能过于夸大他的功绩，因为青霉素迟早会被人们发现，只是早与晚出现的区别。多亏了弗莱明，才使得青霉素更早地面向世人，造福人类。

"别指挥上帝去做什么"——玻尔

名人小档案

姓名：尼尔斯·玻尔　　**国籍**：丹麦
生卒：1885年10月7日—1962年11月18日
职业：物理学家、学者　　**爱好**：踢足球
必杀技：自创技——玻尔模型术
成就：哥本哈根学派的创始人，对原子研究有着重大突破，因而获得诺贝尔物理学奖，他还创造了玻尔模型

少年玻尔

玻尔出生于1885年,他的爸爸是一位生理学教授,也是一位不折不扣的才子,在丹麦哥本哈根大学教书。他的妈妈出身富商家庭,家里在政界和银行业都很有威望。玻尔还有一个姐姐和一个弟弟,姐姐后来成为一名教师,弟弟后来成为一位数学家和丹麦国家足球队队员。这样的家庭组合,简直就像电视剧里演的一样。玻尔在这种优秀的家庭环境中,从小就表现出"国民偶像"的潜质。

玻尔从小成绩就十分优异,从没让人操过心。虽然他的母语写作能力欠佳,但他也为此花费了一生的时间去学习。18岁时,优秀的玻尔去哥本哈根大学读书。自己的父亲就在这所大学教书,平时校园里见到的老师都是从小看着自己长大的叔叔阿姨们,玻尔还愁有什么知识是自己学不到的呢?大学期间,玻尔不仅专修了自己喜欢的物理,还学习了数学、哲学、天文学。

玻尔20岁时,参加了丹麦皇家学院组织的一场物理竞赛,从此一战成名。事情具体从何说起呢?容我细细道来。这场物理竞赛要求参赛者用一种特定的方法测量液体的表面张力,由于大学里没有物理实验室,玻尔就借助老爸的实验室展开了他的研究。实验过程中遇到很多困难，玻尔不惜精力，特地制作了一根椭圆形截面的试管，以完成实验。考虑到某些液体还带有黏性，玻尔在实验过程中也将这种情况的测量难题一并解决了。不仅如此，玻尔的测量方法还可以用来处理有限振幅振动的案例。瞧瞧，区区一场物理竞赛，都能被玻尔弄出这么多花样，对此只能感叹："这波操作真的太厉害了！"

"钻牛角尖"星人

物理竞赛结束之后，玻尔毫无悬念地拿到了金牌。怀揣着物理学梦想的他感觉离自己的目标越来越近了。

1911年，玻尔拿到了哥本哈根大学的博士学位（毕业论文是关于金属电子的）。博士毕业后，他的第一个目标就是去英国剑桥大学学习工作，来到英国后，玻尔头也不回地直奔偶像J.J.汤姆孙，加入了他的卡文迪许实验室。

下面我们就先来简单介绍一下J.J.汤姆孙吧。汤姆孙是一位物理学家，建立了原子模型，他认为原子就像一块面包，这个面包带正电，而面包里的葡萄干，也就是电子，带负电。这个"葡萄干面包式"原子模型（布丁模型），在很长的一段时间，都广泛被人们接受，正当汤姆孙内心暗自狂喜的时刻，玻尔出现了。

这个爱挑错的耿直男孩给汤姆孙泼了一盆凉水，玻尔向汤姆孙指出他的论文中出现的错误，还一脸痴笑地望着自己的偶像，表示求表扬。谁知，并不是所有人都能虚心接受自己的错误的，汤姆孙二话不说，甩脸就走。这下，搞得玻尔有些郁闷：为什么错了还不让别人指出来呢？

伯乐有无？在线等！

玻尔委屈极了，曾经提交给汤姆孙的论文也没有得到回应，半年后他心灰意冷。"怎么就没人识得我这颗明珠呢？"玻尔这么想着的时候，却不知他的伯乐已经在赶来与他相见的路上了。

卢瑟福也是一名物理学家，是汤姆孙的学生。一次回剑桥的机会，他认识了玻尔，从而也发现了玻尔优秀的才能。在1911年，玻尔跟随卢瑟福前往曼彻斯特。

那时出现的许多物理现象，用曾经的理论去解释显得尤为吃力，人们已经不再满足于经典物理,而是试图打开更深层次的物理学大门。玻尔所处的时代,可谓是风流人物齐聚一堂。普朗克、爱因斯坦已经开始研究量子物理这个新领域。

卢瑟福提出了一种"行星式"的模型,可这个模型仍有一些地方存在矛盾。不破不立,玻尔提出,要想解决问题就不能再用经典力学的标准去衡定。此时,物理界的大佬们已经有人率先引入量子学说,玻尔想,既然有人使用了,我也可以用这个理论来解决问题。于是他将量子学说与卢瑟福的理论结合在一起,困难果然迎刃而解。

后来,玻尔也开始研究原子结构了。他提出的理论叫作玻尔模型。玻尔模型的具体内容有:第一,电子环绕原子作轨道运动,这些电子不能随便乱跑,它们有自己的量子化条件,按照这种条件,它们走的轨道叫作定态轨道。第二,不同的定态轨道上的电子是稳定运行的,越远离原子核的轨道,能量越高。第三,电子可以通过吸收能量或者释放能量,在不同的轨道上,跑上跑下,它跑动的时候也会吸收或释放一个叫作光子的东西。

其他科学家看到玻尔的新理论居然如此大胆,有些人保持不置可否的态度,有些人站起来就是对着玻尔模型理论反驳。

直到1922年,元素铪的发现证实了玻尔的理论是正确的。玻尔因在原子结构和原子辐射研究方面的贡献而荣获诺贝尔物理学奖。此后,越来越多的人都愿意跟随玻尔的脚步,一起展开研究。

哥本哈根学派

哥本哈根学派是由玻尔建立的,这个学派里出了许多大人物,包括海森堡、泡利、玻恩、狄拉克,几位量子力学的顶级学者齐聚一堂。玻尔创办的哥本哈根大学理论物理学研究所(现尼尔斯·玻尔研究所)还出了10多位诺贝尔物理学奖得主。

爱掐架的老友

玻尔还有一位与他渊源颇深的人，他们俩亦敌亦友，每每见面总要争论一番，这个人我们也很熟悉，他就是爱因斯坦。

这两位大神相遇于1920年，爱因斯坦认为物理学是有规律可循的，而玻尔则认为人类不能获得确定的结果。他们两个水火不容，于是物理学历史上诞生了一段著名的对话。

爱因斯坦："上帝从不掷骰子。"

玻尔："爱因斯坦，别指挥上帝去做什么。"

有一次，玻尔与爱因斯坦一起参加了一场会议，每天早上，爱因斯坦会兴致勃勃地准备好问题，向玻尔提出挑战，而每天傍晚，玻尔则胸有成竹地将答案抛给爱因斯坦，俩人就这样掐架，持续到会议结束。

再次在会议上遇到时，爱因斯坦早就备好了自己的杀手锏，他有信心这一次一定可以让玻尔哑口无言。爱因斯坦提出"光子箱"实验，玻尔愣住了，顿时无力反驳。回到房间后，玻尔一直反复琢磨，终于在第二天给出了解释，而且还是用爱因斯坦自己提出的理论反驳"光子箱"实验。活生生的就是"以子之矛攻子之盾"的最佳体现呀。

就连1962年，玻尔去世的前一天，他都还在黑板上画当年爱因斯坦的"光子箱"实验图。虽说这两位量子力学的元老相爱相杀了大半辈子，可是最终他们谁也没能说服对方。

双缝干涉实验

今天的实验有一点点神奇,叫作双缝干涉实验。想知道具体如何操作吗?赶快往下读吧。

现象:

我们将一个电子发射器摆在光屏面前,再在这个发射器和光屏的中间插入一个有着两条小缝的板,将两边完全隔断开来。这时发射电子,光屏上留下的不是两道条纹,而是很多道条纹。这是怎么回事呢?

电子的特性:

这就十分神奇了,但是在讨论原理之前,我们有必要先了解一下电子的特性。物理学界,科学家们对电子的看法不同,有的人认为电子是一个一个的粒子,也有人认为电子是波,具有水波一样的属性,这就是波粒二象性。我们将电子发射器打开,电子通过缝隙,会像水波的涟漪一样,波动散开,这就是电子的波动性。这样说也许还是难以理解,那么请看图片吧。

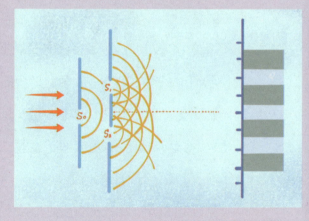

接下来我们继续回到实验,既然刚刚已经说到了电子具有波动性,那么就不难理解光屏上为什么会出现这么多条纹了。

可是持有电子具有粒子性观点的科学家们不高兴了。他们改变了发射方式,这次他们将电子一粒一粒地发射在光屏上,这样就可以避免它们发生相互干涉。不一会,神奇的事情又出现了,电子再一次表现出了它的波动性,虽然耗时有点久,但光屏上仍然留下了许多条纹。

准备材料

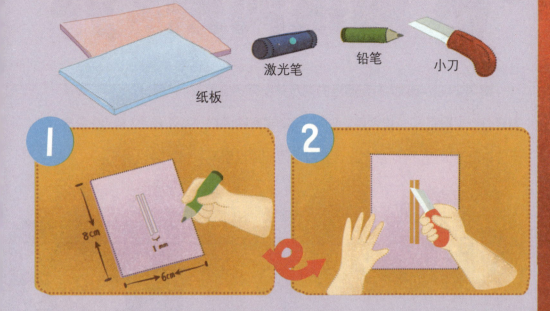

纸板　激光笔　铅笔　小刀

1 拿出白纸，将它裁小（可以裁成长为8cm，宽为6cm），再用尺子在纸上标记两条杠，距离是1毫米，越近越好。

2 用小刀将纸上标记的两条小杠划开。

3 来到暗处环境（越暗越好），将纸片固定住。

4 固定住激光笔，并使激光笔对准两条小杠，你会发现这道光在墙壁上有一个投影，快去看看，墙壁上是否出现了多道条纹呢？

飞向银河系之外

很久之前，人们认为在遥远的地方并没有其他星系。以前，许多科学家认为只有一个星系——银河系。然而，天文学家哈勃在1924年12月30日宣布他有证据证明，银河系之外有着数不清的美丽星系！

名人小档案

姓名：埃德温·鲍威尔·哈勃
国籍：美国
生卒：1889年11月20日—1953年9月28日
职业：天文学家
爱好：体育运动
必杀技：星系"大红移"
成就：他是星系天文学的创始人和观测宇宙学的开拓者，被称为星系天文学之父。他发现大多数星系都存在红移的现象，建立了哈勃定律
代表作品：《星云世界》《用观测手段探索宇宙学问题》

仰望夜空的孩子

1889年11月20日，哈勃出生于美国密苏里州，他是家里的第三个孩子。哈勃的爸爸约翰·鲍威尔·哈勃喜欢法律，并先后从事法律和保险工作，但在事业上的表现和绝大多数人一样平凡。

哈勃一开始上学的时候，并没有表现得很优秀，直到四年级时候，他突然爱上天文学，并上演了一出"后进生的逆袭"，一跃成为尖子生。在10岁那年，哈勃曾经和朋友整夜在野地里守着，观看月全食。他的童年好友回忆说："那是一个壮观的景象。"

运动场上的少年

中学期间，哈勃的学习成绩相当优秀，但品行的评分却拉低了他的平均分。而这可能是因为他实在是太喜欢问问题了，以至于老师常常回答不出来而恼羞成怒。

如果你认识此时的哈勃，你会认为他将来会是

刚毅　忠于职守　忠诚　罗德奖学金　同情弱者　无私　仁慈　有道德力量

一名优秀的运动员,而不是天文学家,因为他在体育方面的表现实在是太优秀了!

哈勃在运动比赛中十有八九能得到奖牌,在跳高项目上还刷新过州纪录。他特别擅长篮球、足球、棒球等项目。这种体育天赋在他后来的人生中也有所体现,比如说,在芝加哥大学念书的时候,他就打破了跳高和田径的美国国家纪录。

前途迷茫的青年

哈勃是一名有追求的大学生,大学期间的小目标是世界著名的罗德奖学金。为此,他除了数学和自然科学课程外,还修读法文、拉丁文、希腊文、政治经济学和公众舆论课程,并且参与许多校园活动。1909年10月19—20日,哈勃参加了罗德奖学金资格考试,在此后3个月中又经层层复试、筛选、面试,最终成为1910年度伊利诺伊州罗德奖学金的获得者。

那是充满喜悦和收获的一年,哈勃还和家人在一个迷人的春夏之交的傍晚欣赏了光临地球的哈雷彗星。这个时候的哈勃渴望学习天文学,但是,他的家人希望他成为一名律师。

罗德奖学金,世界上竞争最激烈的奖学金,有"全球本科生诺贝尔奖"之称,得奖者被称为"罗德学者"(Rhodes Scholar),其评定标准包括学术表现、个人特质、领导能力、仁爱理念、勇敢精神和体能运动等多方面。罗德奖学金要求候选者"忠诚、刚毅、忠于职守、同情弱者、无私、仁慈、合群、有道德力量",还要"对男子室外运动爱好并有所成就"。

受欢迎的老师

为了家人的期望,哈勃不得不学习大量自己不感兴趣的法学课程,但是他并没有放弃自己喜欢的社交和运动,其间还以1星期5本的速度读书!

3年后,哈勃的爸爸不幸去世,哈勃结束了对法律的学习,并回到家乡,成为印第安纳州新奥尔巴尼女子中学的一名老师,教导学生们物理、数学和西班牙语。另外,他还是学校的篮球队教练,他带的打不败的斗牛犬队冲进国家赛,赢得第三名。尽管他只做了1年的老师,但他也留下了自己的好名声。学生在年刊上致他们挚爱的老师:"不管在学习上还是体育场上,永远愿意为我们欢呼并给予我们帮助。"

星系天文学之父

20世纪20年代，埃德温·哈勃在南加州的威尔逊山天文台用100英寸的望远镜发现了仙女座星云（现称仙女星座）中的造父变星，天文学家可用来测量星体距离。造父变星的发现使哈勃推断仙女座星云并不是附近的星团，而是一个完全不同的星系。

1924年在美国天文学会的一次学术会议上，哈勃正式公布了这一发现。这项发现使天文学家们关于"宇宙岛"的争论立即分出胜负，所有天文学家都意识到，多年来关于旋涡星云是近距天体还是银河系之外的宇宙岛的争论就此结束，从而揭开了探索大宇宙的新的一页。

1926年，哈勃发表了对河外星系的形态分类法，后称哈勃分类。

到了20世纪30年代，大多天文学家都已相信银河系是浩瀚宇宙的星系之一。这一革命性的发现为哈勃赢得了"继伽利略之后最伟大的天文学家"这一荣誉称号。

发现宇宙在膨胀

发现我们的星系并不唯一仅仅是一个开始。接着，哈勃又测量了银河系外星系的距离和运行速度并发现离我们地球越远的星系，远离地球的速度越快。这一发现在发布后，人们开始广泛相信宇宙正在不断膨胀。爱因斯坦曾亲自向哈勃致谢，因为哈勃的这一发现证实了他的相对论。

无缘诺贝尔奖

尽管哈勃的成就非同凡响，但他并未得到诺贝尔物理学奖。

这是因为诺贝尔委员会从20世纪20年代起就有一项潜规则，认为天文学不属于物理学范畴。这一情况到20世纪70年代才改观。

尽管如此，他得到的荣誉是很多诺贝尔奖获得者都得不到的——一颗小行星和一个月球陨石坑都是以他的名字命名的。

还有著名的哈勃望远镜，这是全天文界的仪器，全世界的天文学家都可报名使用，如果他们的请求获批，则可使用1年。这一体系带来了天文学界不计其数的新发现，比如"暗能量"的发现和宇宙年龄（130亿~140亿年）的揭示。

小链接

哈勃空间望远镜

哈勃空间望远镜是以著名天文学家、美国芝加哥大学天文学博士埃德温·鲍威尔·哈勃的名字命名的，是在近地轨道上并且围绕地球的空间望远镜，它于1990年4月24日在美国肯尼迪航天中心由发现者号航天飞机成功发射。

核物理之父——费米

名人小档案

姓名： 恩里科·费米
国籍： 美国
生卒： 1901年9月29日—1954年11月28日
职业： 既是世界顶尖的理论物理学家，又是世界顶尖的实验物理学家
爱好： 看书、做实验　　**必杀技：** 学习使我快乐
成就： 提出"费米悖论"，被誉为"核反应堆之父"，是美国原子能开发的重要人物，曾教导出6位诺贝尔奖获得者……

有的同学除了学校正常的课程学习外，还会在课外学习机构报名上补习班。一些学习机构为了争夺生源，可谓是想破了脑袋，什么"七天速成班""百日冲刺营"，名号吹得要多响亮有多响亮。

在19世纪，有这样一位"名师"，由他"辅导功课"，可谓是戴上了半个诺贝尔奖章。学生们为他疯狂，甚至教授们也无法冷静，似乎只要接近那条锦鲤……不不不，那位老师，就能沾到世界大奖的福气。这位名师，就是恩里科·费米。

费米悖论——人类是宇宙中唯一的文明吗？

一次，费米在和别人讨论外星人的问题时，突然冒出一句："他们都在哪儿呢？如果银河系存在大量先进的地外文明，那么为什么连飞船或者探测器之类的证据都看不到？"

"费米悖论"的大意是：理论上讲，人类能用100万年的时间飞往银河系的各个星球，那么，外星人只要比人类早进化100万年，现在就应该来到地球了。也就是说，外星人已经来到地球并存在于某处了。或者，外星人是不存在的——至少并不存在比人类进化得更高级的外星人。

不开心就学习吧！

恩里科·费米出生在意大利罗马的一个小康之家，从小和自己的哥哥朱利奥为伴，他们年龄相仿，天赋异禀。在同龄人还在背诵乘法表时，他们就一同设计制作了自己的电动机和许多机械玩具，绘制出了让周围所有儿童着迷的飞机引擎图，就连专家们都惊叹不已。

然而，天有不测风云。1915年冬天，朱利奥突然不幸病逝，费米同时失去了至亲和挚友，特别难过。这时，学习便成了他排解忧伤的唯一方式。他深深地沉醉在数学和物理学中，如饥似渴地到处寻找书籍，连同哥哥的那一份。这让费米在中学毕业时，就已经可以熟练地运用傅里叶分析法（没错，就是通常在大学一年级才会学到的内容）去解决一系列方程问题了。

步入大学，费米只能靠自学获取知识，因为老师实在是没有能力教他了！物理实验室的主任给了他很大的自由（你研究的课题我看不懂！），他和同学弗朗科·拉塞蒂等人拥有实验室、图书馆、仪器室的钥匙，可以随时查阅资料。

这样看来，费米的大学生活过得倒是轻松，可以在实验室玩腻了就靠课外书解闷——什么《涡流理论》《热力学》，还有《物质的电子理论》《放射性物质和它们的放射性》……在费米眼中，都是一些光看书名就十分"有趣"的小可爱。

值得一提的是，费米还是个热心肠的小伙子，每次有老师来找他请教问题，他都爽快答应，甚至贴心地给他的物理老师开设了一门关于爱因斯坦相对论的课程。要知道，这种"开小灶"的待遇，可不是谁都能享受得到的。

诺贝尔奖搞错啦

1924年，赴德国深造结束的费米回到了意大利，并在佛罗伦萨大学教授数学。

两年之后，26岁的费米凭借一篇关于理想气体行为的论文，成为罗马大学的物理学教授。而对大多数教授来说，他们可能要到50岁才能获得这个职称。

1926年，费米与好友狄拉克分别提出了一种基本粒子所遵循的统计规则，后来被称为"费米-狄拉克统计"。

这样一个年少有为的科学家，自然不会错过诺贝尔奖啦。

20世纪30年代初，中子被发现以后，人们就利用它去轰击各种元素，研究核反应。以费米为首的一批青年科学家干得最起劲，他们按照元素周期表的顺序，见一个"轰"一个！当他们用中子轰击当时的元素周期表上的最后一个元素铀时，发现了一种新的元素，在当时被称为"93号新元素"。

比起他们的研究成果，评审委员们更是被恩里科·费米的名号所吸引："什么？你就是那个意大利皇家学会最年轻的会员、皇家科学院院士？！"

就这样，诺贝尔物理学奖的荣誉顺理成章地授予了他，以表彰费米"认证了由中子轰击所产生的新的放射性元素，以及他在这一研究中发现由慢中子引起的反应"。

就在费米兴高采烈地领着全家去斯德哥尔摩领奖后（也就是获奖后的12天），德国化学家哈恩和斯特拉斯曼，与女物理学家梅特涅合作，试验用慢中子轰击铀元素，而且用化学方法分离和检验核反应的产物，获得了令人难以置信的结果——铀核在中子的轰击下，分裂成大致相等的两半，它们不是"93号新元素"，而是56号元素钡。

简而言之，之前费米压根儿没有发现什么新的放射性元素！

费米听到这一惊人的消息后，第一反应是来到哥伦比亚大学实验室，利用那里较好的设备重复了哈恩的试验，结果证明自己确实错了。费米不愧为具有高尚品质的科学家，此时他考虑的不是个人名誉，而是服从真理——他坦率地检讨并总结了自己的判断。

核反应堆之父

1938年，意大利开始了反犹太运动，由于费米的妻子是犹太人，他的家庭受到了骚扰。无奈之下，费米夫妇决定逃离意大利，移民美国。

著名物理学家杨振宁曾这样评价费米："他是20世纪一位大物理学家，他是最后一位既做理论，又做实验，而且在两个方面都有一流贡献的大物理学家。认识费米的人普遍认为，他之所以能取得这么大的成就，是因为他的物理学总是建立在稳固的基础上，他总是双脚落地的。"

正因为这样，费米受到很多知名大学的欢迎。这不，美国哥伦比亚大学立即邀请了费米出任教授，并为自己的师资队伍中增添了这位世界顶尖的理论物理和实验物理学家而感到自豪和骄傲。

诺贝尔奖事件之后,费米在哈恩等人的实验基础上继续向前迈进。费米很快提出一种假说:

当铀核裂变时,会放射出中子。这些中子又会击中其他铀核,于是就会发生一连串的反应,直到全部原子被分裂。

这就是著名的链式反应理论。根据这一理论,当裂变一直进行下去时,巨大的能量就将爆发。如果制成炸弹,它理论上的爆炸力是TNT炸药的2000万倍!

费米在第二次世界大战期间参与了曼哈顿计划,设计并建成了这种链式反应所必备的装置——核反应堆。核反应堆的建立为第一颗原子弹的成功爆炸奠定了基础,人类从此迈入原子能时代,费米也因此被誉为"原子能之父"。

曼哈顿计划

美国陆军部于1942年6月开始实施利用核裂变反应来研制原子弹的计划，亦称曼哈顿计划。

"费米标准"

费米曾经提过他心目中"理想妻子"的标准：第一，她必须身体健美、具有运动员体格；第二，如果可能的话，她最好长着一头金发，并且不信宗教；第三，她应该拥有身强力壮的血统，而且祖父母和外祖父母都健在。

他描述心目中的妻子形象时，语气充满着自信，看不出丝毫开玩笑的意思。

这个"费米标准"在周末聚会上引起了小小的轰动。有趣的是，这场聚会的女主角劳拉身材不高，又不是金发，也不具有强壮的血统，外祖母已经去世。

一句话总结，费米"理想妻子"的标准，劳拉一条都不具备。

但令劳拉惊讶的是，这位科学家渐渐地开始邀请自己出门兜风，乘坐的是他特别喜欢的那辆小轿车，形状就如同他的脑门——像个蛋壳。

后来，费米宣布了他与劳拉订婚的消息。昔日那三条标准早就被他抛在脑后。费米对此嘿嘿一笑："现在我才明白，理想的永远也比不上实际的好！"

小档案

恩里科·费米是为数不多的兼具杰出的理论和实验天赋的人，除了参与过原子能的研发和数不清的物理实验，他还博览群书，写下了250多篇科学论文。

1954年，费米不幸患上胃癌。当他的同事去医院看望他时，费米正在测量他静脉输液管里液体的流速，数着液体的滴数，用秒表计时。1954年11月28日，费米逝世，年仅53岁。

"另类"爱国者——海森堡

作者：其扬

名人小档案

姓名：维尔纳·卡尔·海森堡
国籍：德国
生卒：1901年12月5日—1976年2月1日
必杀技：送你一个"量子蛋"
成就：德国著名物理学家、量子力学奇才，与原子弹相爱相杀的故事远近闻名，"不确定性原理"和"矩阵力学"是他的代表性理论

第二次世界大战开始后，迫于德国纳粹的威胁，许多科学家宁愿背井离乡，也坚决不向纳粹势力妥协。不过也有例外。有位一流的德国物理学家选择留在自己的祖国，并被纳粹委以重任，负责研制一种对世界具有毁灭性打击的武器。令人匪夷所思的是，这位一直未能被他人谅解的"爱国者"，在1970年却获得了代表维护和平的"玻尔国际奖章"。他是卧底吗？难道国际社会弄错了获奖名单？或许这位人生充满戏剧性的科学家，就如他所提出的"不确定性原理"一样，令人难以理解。

这位科学家便是海森堡。

散步决定人生

1922年初夏，海森堡有幸到德国的哥廷根大学聆听当时物理学界一位伟大人物——玻尔的演讲。全场座无虚席，学生们见偶像的热情堪比现在粉丝追星。在一次讨论会议上，年仅20岁的海森堡站起来，竟然公开对"万人迷"玻尔的观点提出了反对意见。玻尔饶有兴趣地打量了这个年轻人一番，在他看来，这个提问确实有可取之处。等讨论会一结束，玻尔走向海森堡："愿意和我一起到哥廷根城外走走吗？"

这一走，竟走出了一个未来量子力学的伟大创始人。

两人进行了一系列的学术交流，散步大概持续了3个小时。回来之后，玻尔郑重邀请海森堡到哥本哈根研究所访问。这位当时才大二的小伙子受宠若惊，兴奋地接受了玻尔的邀请。从此，海森堡在哥本哈根自由激烈的学术争鸣氛围中，开启了自己天赋和潜能的无限激发。

海森堡后来常对人说："这是我一生中最为重要的一次散步，是决定我命运与成功的一次散步。我的科学生涯是从这次散步开始的。"

别问我，我不确定！

当被问到"1+1"等于几时，所有人都能不假思索地给出答案。但如果你敢说这规律适用于世界上所有的物体，海森堡可就不高兴了。他研究的是奇妙的量子世界，在那里，几乎所有的自然法则都不再适用。海森堡由此提出："若确切地知道现在，就能预见未来，所得出的并不是结论，而是前提。我们不能知道现在的所有细节，是一种原则性的事情。"

等等，打住！海森堡到底是哲学家，还是物理学家？

大家不妨想象一下，你处在一个伸手不见五指的房间，想要确定一个皮球的位置。为了知道它的大致方位，你得先用手或脚踹碰到它，但"触摸"这个微小的动作，又难以避免地会使皮球发生移动，从而使你无法确定它移动之前的准确地点。

更深入一点，我们甚至可以认为，"1+1"既可以等于1，也可以等于2（不过可别把这当成你数学不及格的借口！）；今早初升的太阳，既是存在的，又是消失的；一个人可以既是男孩，又是女孩……好了好了，收起你们疑惑不解的表情。另一位科学界大咖同样被整得一脸茫然，他就是爱因斯坦。

爱因斯坦不肯承认海森堡著名的"不确定原理"，他们甚至进行了长达30年的"学术互怼"。尽管如此，大家普遍认为海森堡的"不确定性"只存在于可望而不可即的科学界，没想到，他把人生也活出了满满的"不确定"。

偶尔算错数据的感觉也不错嘛。

伟大的失误

第二次世界大战爆发之后,海森堡留在自己的祖国为纳粹制造一样东西——原子弹。当时的德国,要资源有资源,要资金有资金,再加上海森堡的参与,可谓是万事俱备。

然而,直到美国的两颗原子弹投向了日本的广岛和长崎,德国都没能造出原子弹。

战争结束后,负责这项计划的海森堡成为世界关注的焦点。

"他一定是反法西斯联盟派来的卧底!""海森堡好样的,拯救了数以万计的生命!""能骗过德国军事高层,这需要多大的勇气和毅力啊。"

此时的海森堡可没时间面对外界的褒奖。他与德国最有名的10位科学家被秘密关在英国一座被称为"农园堂"的房子里。

"我一点也不相信这个原子弹的消息!"暴躁的海森堡生起气来,后果很严重。

按照他的演算,制造原子弹需要耗费13吨铀235——这在当时简直是天方夜谭。

几天后,海森堡终于放下"我不听我不听"的小脾气,考虑了几个之前遗漏的限制条件,怀着五味杂陈的心情重新进行了一次演算——16千克,真正用于制造原子弹的铀235其实只要16千克!

尽管当时的学术界曾谴责海森堡犯下的低级失误,但从现代人的角度出发,英国伦敦的大本钟之所以还能准确报时,法国的埃菲尔铁塔仍然屹立不倒,欧洲没有四分五裂,无疑都要感谢这次阻止了原子弹研发的伟大失误呀!

社交能力 ≠ 最终成就

海森堡在科学上的贡献是巨大的，在许多难以解决的问题上拥有天才般的见地。但他也许得好好学学如何与小伙伴们友好相处了。

1941年他曾与恩师玻尔在哥本哈根进行了一次神秘会面，这位执着的青年跨越了国界和政治形势的重重阻碍，但对话谈及关于德国和原子弹方面的情况，使得二人不欢而散。

"全弄拧了！"暴躁的海森堡再次上线，师徒感情彻底谈崩了。两人的对话的内容也不得而知，历史上著名的"哥本哈根之谜"便是由此而来。

与恩师的深厚感情都落得如此下场，他和爱因斯坦就更不用说了，你怼我一句"纳粹帮凶"，我骂你一句"虚伪的和平主义者"。

　　海森堡没有让我们失望,他无时无刻不展示着自己天真烂漫的政治和感情认知。

　　伟人的缔造,不一定非要按部就班、井井有条地攀上人生巅峰。一次偶然的课后散步、某次放松身心的度假,甚至是不曾预料的演算失误,也许都能给你带来意想不到的奇妙成果。参照海森堡的著名理论,我们虽然不能确定自己将来一定会成功,但我们能通过努力不断激发自身无限的可能性!

别人家的孩子——冯·诺依曼

相信小读者们身边（或者至少是耳边）一定有一个"别人家的孩子"：他上知天文，下知地理；不但兴趣广泛，而且各科成绩优异，奖状拿到手软，你身上的坏毛病，他一样都没有。你们不一定见过面，但他每天必定魔鬼般地出现在父母的疯狂教育之中："别家孩子能拿100分，你怎么就不行！"这给你造成的心里阴影面积要多大有多大。

如果说科学界也存在这样一个"别人家的孩子"，让无数伟大的科学家们集体怀疑智商，自尊心掉线，那么我们今天的主角——冯·诺依曼，一定当之无愧。

开挂的童年

从普通熊孩子还在泥地里摸爬滚打的时候开始，冯·诺依曼就显示了出色的数学天赋和过目不忘的开挂技能。

好啊！等我先读完这本《函数论》，咱们广场见。

名人小档案

姓名：约翰·冯·诺依曼
生卒：1903年12月28日—1957年2月8日
国籍：匈牙利→美国
职业：数学家、计算机学家、物理学家、化学家、经济学家（对！你没有眼花，我们的"全能小王子"可谓凭一己之力横扫多个科学领域）
爱好：数学　　**必杀技**：过目不忘
别称："计算机之父""20世纪最伟大的数学家""博弈论之父"
成就：影响世界的旷世奇才，第二次世界大战期间为第一颗原子弹的研制做出了贡献，为研制电子数字计算机提供了奠基性的方案，出版《博弈论和经济行为》，在经济学和决策科学领域竖起了一块丰碑，创立"冯·诺依曼体系结构"，并提出"二进制原理"

6岁时，他已经能在学好母语的基础上，用古希腊语同父亲互开玩笑。

8岁掌握微积分。（顺带提一下，这是我们在高中三年级才会涉及的课程。）

10岁那年，他花费数月读完了一部48卷的世界史，并可以对当前发生的事件和历史上某个事件做出对比，讨论两者的军事理论和政治策略。

这位少年才智惊人，这是所有认识他的人的一致看法。

打破常规的学生

诺依曼同学能力超群，受教育的方式也和他人不同。

中学后，老师对他卓越的数学天赋惊叹不已，并向他父亲建议，干脆让小诺依曼退学回家，聘请大学教授来当家庭教师。诺依曼不到18岁便发表了自己的第一篇论文，并已经被外界称作数学家了。然而，诺依曼的父亲由于考虑到经济上的原因，请人劝阻年方17的诺依曼不要专攻数学，后来父子俩达成协议，他便去攻读化学。

于是他顺理成章地在瑞士苏黎世联邦工业大学获得了化学专业的大学学位。

但毕竟人家只是学化学玩玩儿，数学才是真爱。

冯·诺依曼还在布达佩斯大学注册为数学专业的学生，但并不听课，只是每年按时参加考试。通过在每学期期末回到学校，以全 A 通过课程考试，就这样获得了布达佩斯大学数学博士学位。

这种不参加听课只参加考试的求学方式，在当时是非常特殊的，就整个欧洲来说也是完全不合规矩的。但是这不合常人的学习方法，简直像为冯·诺依曼量身定做一般。

放过老师吧！

诺依曼的"最强大脑"，渐渐地不仅令同龄人深受打击，就连老师也难以幸免。

在苏黎世逗留期间，诺依曼常常利用空余时间研读数学、和数学家通信，德国数学家外尔当时也在苏黎世，两人有过交往。有一次，外尔短期离开，冯·诺依曼甚至去代他上课。这饭碗抢得一点儿也不明显，外尔以后要出差怕是都得好好考虑考虑了。

"他是唯一的令我感到自己的教师地位受到威胁的学生，他实在是太敏锐了。"在苏黎世任教的波伊亚先生，曾经在课堂上提出了一个悬而未决的问题，过了 5 分钟，诺依曼举起了手，众人瞠目之下径直走到讲台前，写下了此问题的证明，一旁的波伊亚先生表示职业生涯受到一万点暴击，从此对其感到畏惧。

天才之中C位出道

20世纪,无数优秀科学家争先恐后地涌现在这座历史舞台上,在这群训练有素的"演员们"中,冯·诺依曼无疑自带光环,成为中心一般的角色。

1933年,普林斯顿成立高级研究院,6名教授之中诺依曼是最年轻的一位,20世纪最著名的科学家爱因斯坦是他的同事。

樊畿教授有过这样的描述:"听冯·诺依曼讲演必须足够聪明,极度专心,否则绝对跟不上他的思维。"每次演讲,只有极少数的数学家能够勉强听得懂。演讲的时候,冯·诺依曼思维敏捷,传授内容充实丰富,边讲边写,板书飞快,一会儿工夫就写满了整块黑板,只好擦去旧的,再写新的板书。当要回过头来引用前面结果的时候,他会不断地指着黑板的某个位置说:"根据擦过3次之前写在这个位置的一个式子,再加上擦过6次之前,写在那个地方的一条定理,就可以得到以下结论。"听惯了他演讲的数学家们笑称冯诺依曼是"用板擦来证明定理的人。"

冯·诺依曼虽享有"计算机之父"的美名,但当年的世人大多在想:"还造什么计算机哟,教授的头脑不就是一台'超高速计算机'吗?"

马路"杀手"

不过,不要以为冯·诺依曼在任何领域都可以碾压众人,在驾驶技术这一方面,几乎所有人都能从他身上找到自信。他几乎每年要撞坏一部汽车,并且充分发挥自己身为科学家的职业精神,愈挫愈勇。当年在普林斯顿的一条街道的尽头,堆放着所有被冯·诺依曼"报销"了的废车,那块地方因此获得了一个绰号:冯·诺依曼之角。

有一次,他撞坏了车头,在警局里解释道:"我正在路上正常驾驶,右方窗外的树正在以每小时60英里(约100公里)的速度从我车旁穿过,突然,一棵树站在了我的车前,咚!"

狡辩！——照你这么说，大家应该出发把那棵"横穿马路"的"树先生"绑过来好好审问一番？！物理好没用，卖萌更没用，警察罚单照开不误。

若人们不相信数学简单，只因他们未意识到生命之复杂

1955年的夏天，冯·诺依曼被检查出患有癌症，但仍没有停止工作。在原子能委员会工作时期，他不断向人们传播和平利用原子能的观念。一次，一群青少年来委员会参观原子能展览，他当时已经病入膏肓，仍亲自出马接待。当孩子们问到"放射性探测仪"的时候，他向他们详细解释了放射性元素对人体造成的严重伤害以及如何躲避。

人们看见他的眼睛里闪现泪光。

冯·诺依曼拥有非人类的头脑，却身怀与普通人无异的身躯。对于同事来说，他是个精力充沛、不知疲倦的全才，而在他的女儿看来，他只是个笑口常开、风趣幽默的父亲。但他最终竟没能料及原子能实验对身体健康的致命伤害，53岁便与世长辞。

趣味实验

20世纪，人们被十进制这个人类习惯的记数方法所困扰，冯·诺依曼大胆地提出：抛弃十进制，采用二进制作为数字计算机的数制基础。著名的"冯·诺依曼体系结构"便是采用"二进制"原理。

现在让我们初步了解一下二者之间的转化关系吧。

小链接

十进制：600，3/5，-7.99……看着这些耳熟能详的数字，你有没有想太多呢？其实这都是全世界通用的十进制，即满十进一，满二十进二，以此类推……

要表示十个数的10倍，就将这些数字右移一位，用0补上空位，即10，20，30，…，90；要表示这十个数的10倍，就继续左移数字的位置，即100，200，300…

二进制：二进制数据是用0和1两个数码来表示的数（十进制数是由0~9十个基本数字组成的）。它的基数为2，进位规则是"逢二进一"。

二进制数 1101.01 转化成十进制：

要从右到左用二进制的每个数去乘以2的相应次方，小数点后则是从左往右。

1101.01（二进制）
$= 1 \times 2^0 + 0 \times 2^1 + 1 \times 2^2 + 1 \times 2^3 + 0 \times 2^{-1} + 1 \times 2^{-2}$
$= 1 + 0 + 4 + 8 + 0.0 + 0.25 = 13.25$（十进制）

十进制转二进制

```
2 | 42   … 0  →  42÷2=21余0
2 | 21   … 1  →  21÷2=10余1
2 | 10   … 0  →  10÷2=5余0
2 | 5    … 1  →  5÷2=2余1
2 | 2    … 0  →  2÷2=1余0
    1
```

二进制数：101010

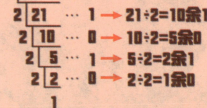

如谜的解密者——图灵

作者：三摄

我们使用计算机来学习，我们使用计算机来工作，我们使用计算机来娱乐，我们使用计算机来生活……现在，我们做什么都离不开计算机了！可是，你知道吗？计算机科学起源于一位第二次世界大战时期的解密人。他的名字叫图灵。

名人小档案

姓名：艾伦·图灵　　**国籍**：英国
出卒：1912年6月23日—1954年6月7日
职业：数学家、逻辑学家、解密专家、计算机科学之父、人工智能之父
必杀技：图灵测试
爱好：数学、天文、跑步、下棋、园艺等
成就：他是一名战争英雄，曾在第二次世界大战期间成功破译德军密码。他提出并设计了计算机雏形，制定了计算机发展的未来蓝图。计算机领域的最高奖项被命名为"图灵奖"。他开创人工智能科学，提出了著名的"图灵测试"

"留守儿童"图灵兄弟

在图灵出生之前，他的家族就出了不少聪明人。他的爷爷曾获得剑桥大学数学荣誉学位。他的外公是一位工程师，因为在印度修建桥梁和铁路而发家致富。他的爸爸早年就读于牛津大学，后来在印度公务署当公务员。他的妈妈曾就读于巴黎大学。

1907年，图灵的父母在一艘从印度到英国的船上相遇了，然后他们很快就结了婚。图灵出生在1912年，是家中的第二个男孩。

不过，因为图灵的爸爸妈妈都需要在印度工作，他和他的哥哥约翰小小年纪就成了"留守儿童"，由一对退休夫妇照料。

思维跳跃的小图灵

大概有家族基因的影响，图灵是一个天生就有很多想法的孩子。

3岁时，小图灵就进行了他的首次"实验"——他把一个玩具木头人的胳膊和腿掰下来栽到花园里，期待能收获更多的木头人……嗯，就破坏力而言，好像和我们小时候一般无二。

8岁时，小图灵已经开始为同学编写"百科全书"了，他还写了自己的第一部科学"著作"——《关于一种显微镜》。他还热衷于配制能把台阶染成绿色的"台阶粉"，还用草根、萝卜叶、荨麻制成饮料，配制治疗皮肤的药，还给父亲制造"特种混合烟草"等。

影响深远的少年时光

和当时很多相似家庭的男孩一样，图灵早早离开父母，进入了寄宿中学。他考入的舍本公学是当时特别厉害的重点中学。

据说，图灵一开始并不是很适应中学生活，成绩也谈不上优异。但他认识了他一生中最重要的朋友——克里斯托弗·莫科姆。

克里斯托弗出生在一个科学气氛很浓的家庭，

他的外祖父约瑟夫·斯万爵士在1879年发明了白炽灯泡。因为同样喜欢数学和科学，图灵和克里斯托弗经常一起学习、做实验，并一起参加了剑桥大学的奖学金考试。克里斯托弗被录取，图灵落榜了……

可惜的是，才华横溢的克里斯托弗没能成为一名大学生，他在那个暑假因病去世了。

图灵的一位中学同学在信中写道："可怜的图灵因为这个打击几乎崩溃。"

图灵在给克里斯托弗的母亲的信中写道——

> 我可以肯定，我再也无法找到一个比他更有才气和魅力的伙伴。我认为我的兴趣就是跟他分享工作中的事情，我明白我必须把尽可能多的精力投入到工作中，就好像他还活着一样，因为这也是他希望我做到的。

> 我觉得，我将来会在某一个地方与莫科姆重逢，还有某件工作正等着我们一起去干。正如以前我坚信有一项事业正等着我们一起努力。现在，只剩下我一个人去完成它了，我一定不让他失望。即使我其实不是特别感兴趣，我也要投入那么多力量——仿佛他仍在这里时那样。如果我成功了，我将比现在更无愧为他的朋友。

克里斯托弗的父母为了纪念自己的儿子，设立了"克里斯托弗·莫科姆自然科学奖"。图灵两次夺得该奖项，其中一篇获奖论文《亚硫酸盐和卤化物在酸性溶液中的反应》，受到英国政府督学的赞赏。

1931年，图灵正式踏上科学研究的道路，并进入剑桥大学。

如鱼得水的大学生活

图灵在进入剑桥大学不久，就推导出一个定理，这让他得到了导师的赞赏。

尽管图灵是一个比较我行我素的学生，但在宽松自由的大学氛围中，他的日子过得不错。

图灵除了研究量子力学、概率论、逻辑学之外，还积极地参加学校活动，甚至买了一把旧提琴自娱自乐。在假期中，他曾经去德国旅游两次。当时，人们在德国常常用"嗨，希特勒"代替"你好"来打招呼。但图灵却敏锐地认识到纳粹党的问题，并没有随大流地使用纳粹党的流行用语和手势。

图灵在不满23岁时就成为剑桥大学国王学院的研究员。为此，他的母校舍本公学特意放半天假来庆祝。

1936年，他发表了的一篇有重大历史意义的研究论文——《论可计算数及其在判定问题上的应用》。在论文中，他提出了"图灵机"的设想。图灵认为这样的机器可以模拟人类所能进行的任何计算。

硝烟之下的暗战

图灵所处的时代，世界并不和平。他幼年时经历了第一次世界大战，青年时直接参加了第二次世界大战。

那时，德国潜艇部队依靠"群狼战术"，疯狂攻击英国的船只，还派出了空军轰炸英国的各大城市，希望通过这种手段让英国人不战而降。

在这种历史背景下，图灵加入了皇家海军，在军情六处管理的一个情报机构从事密码破译工作。

当时的德国人发明了一种叫作"谜"的机器，它配有一套接线和数个转子，每天密码员只要切换一下接线和转子的顺序，就可以切换全套的加密手段。这套手段对密码员来说操作非常简单，却制造出极为复杂的加密，在24小时内，对方的解密人

员没法摸清它的规律。只要这一天过去，解密者掌握的所有信息都可能作废。

图灵认为，唯有机器才能对抗同为机器的"谜"。他改进了波兰数学家制造的计算机器"炸弹"，实现了用机器对抗机器的设想，不断领导自己的小组针对德军密码的改变提供新的计算结果。德军的密码被破解，盟军在战场上取得了信息优势，从而节节胜利。

图灵在战争期间做的很多工作都属于绝密，在战争结束很久之后，德国人都不知道自己的密码被英美两国全面破译了。

可以这么说，图灵的工作让战争提前结束了。他无形中拯救了无数生命，甚至推动了历史的发展。因此，丘吉尔曾说："艾伦·图灵对于赢得第二次世界大战做出的贡献比任何人都多。"

计算机与人工智能

战争中电子技术的应用让各国都意识到了制造电子计算机的可能性。于是，在美国主要由冯·诺依曼领导的团队开始致力于研究电子计算机。图灵的思想也因此真正融入了计算机的研发。

第二次世界大战后，图灵负责最早的真正意义上的计算机——曼彻斯特一号的软件理论开发，成为世界上第一位把计算机实际应用于数学研究的科学家。

后来，图灵开始热衷于参加机器是否能够思考的讨论。在一篇写给哲学杂志《心灵》的论文中，他提出一种叫作"模仿游戏"思想实验———男一女在房子中答话，企图欺骗房子外面的人。

图灵认为，如果我们仅仅根据和一个人简单的交流就判断他能够思考，那么我们没有理由不对一台机器一视同仁。这就是著名的图灵测试。

现在我们登录网页需要填写的"验证码"，正是图灵测试的一种应用，即通过你与计算机的简单交流，计算机判断你是一个可以沟通的自然人，而不是来捣乱的机器。

1952年，图灵被指控"明显的猥亵和性颠倒行为"的罪名。在公审后，他被判决注射了一年的雌激素。

1954年6月7日，图灵被发现死于家中的床上，床头还放着一个被咬了一口的苹果。警方调查后认为图灵是剧毒的氰化物中毒，调查结论为自杀。当时图灵42岁。

2009年，英国首相戈登·布朗在报纸上撰文，向图灵道歉；2013年，英国司法大臣宣布英女王赦免图灵的"罪行"。

作者：MO

他热爱打鼓，是一位娴熟的鼓手。他特立独行，用物理学的图案把汽车装饰得个性十足。他时常搞怪，合影的时候用手指在身旁严肃的同伴脑后加犄角。他很帅，总是笑嘻嘻的。他不是滑稽演员，他是大物理学家理查德·菲利普斯·费曼！

名人小档案

姓名：理查德·菲利普斯·费曼　　**国籍**：美国
生卒：1918年5月11日—1988年2月15日
职业：物理学家　　　　　　　　**爱好**：绘画
必杀技："裸眼"看核爆
成就：参与秘密研制原子弹项目"曼哈顿计划"，获得诺贝尔物理学奖

少年时代

"如果是个男孩，我想让他成为科学家。"费曼还没有出生的时候，爸爸对妈妈说。1918年5月的一天，费曼带着成为科学家的期望出生了。事实上，费曼的妹妹后来也成了科学家。不得不说，费曼的爸爸在教育方面很有一套。据说，当费曼还很小的时候，爸爸就把他抱在大腿上，为他读《百科全书》。费曼的爸爸对事物总是充满了好奇的眼光和寻根究底的乐趣。费曼继承了这一点并发扬光大，从小就具备了一种"科学家的眼光。"

10岁的时候，费曼有了自己的小实验室，这里装着他搜集来的宝贝。一有空他就钻进去鼓捣自己的设备，做好玩的实验。有的实验看上去就像魔术一样，让不懂原理的小伙伴们震惊不已。真是够酷！

费曼还会自己动手做些小装置。他曾做过一个报警器，这个报警器安在自己的房间里，如果有人推动房门，房门会启动报警器的开关，接着便铃声大作。是不是很棒啊？

收音机大概是小时候费曼最感兴趣的物件之一。他收集了不少收音机，而且也很快弄懂了如何对着收音机进行一些简单的修理。当时美国经济大萧条，人们赚钱很不容易。如果谁家的收音机坏了，会舍不得花钱来修。但是当听说有个叫费曼的小孩儿会修收音机而且收费很便宜的时候，很多人就找上了他。费曼还对收音机进行改装，不断地在这种简单的无线电设备中寻找着乐趣。

一颗超级炸弹

费曼的数学也很厉害。17岁时，他拿了纽约数学竞赛的冠军，然后进入著名的麻省理工学院学习，之后又以数学和物理满分的优异成绩进入普林斯顿大学。

就在这时候，第二次世界大战阴云密布，一些青年开始为保卫国家做准备。不久，一个规模巨大的秘密计划进入了费曼的视野。这就是著名的"曼哈顿计划"，计划的目标是研制出原子弹。

"曼哈顿计划"网罗了一大批美国首屈一指的科学家，所有人争分夺秒，要赶在法西斯之前造出核武器。费曼参与的部分要进行大量的计算。那时的计算机非常落后，与现在的计算机根本没法比。费曼绞尽脑汁寻找加快计算的方法，用哪种计算机，怎么分配工作，如何让大家合作起来算得更快，一切都不简单，但他组织得相当不错，让计算速度快了好几倍。其间，他的妻子患病去世了，这份工作对费曼来说可真是不轻松。

可想而知，在经过艰苦的工作后，参与曼哈顿计划的科学家多么想看到最后的成功。当"曼哈顿计划"接近尾声，最终的研制成果在试爆的地方固定好，费曼和一些同事在超过30千米之外。他们每人发了一副墨镜，费曼发现，戴着这玩意儿远处的景象啥都看不到。费曼认为只要躲过紫外线，在一定程度上就能保护眼睛，而紫外线不能穿过汽车的挡风玻璃。他丢下墨镜，躲进了汽车里。

那颗试验的原子弹爆炸了。远处出现可怕的剧烈闪光，费曼赶紧低下头。他在脚下看到一团紫色，意识到这是视觉上的生理现象，他又大着胆子抬起头来，目睹了原子弹爆炸的全过程。在所有观测试验的人中，他可能是唯一一个用肉眼观望的。

超级武器研制成功，参与这项工作的人欢欣鼓舞，大搞聚会庆功。然而，当看到原子弹在战场上爆炸后造成的超乎想象的惨状时，费曼与参与原子弹研制的人一样，感到又震惊又矛盾。

保密，更保密

"曼哈顿计划"是一项绝密计划。为了防止秘密泄露，工作人员的往来信件都要接受检查，有的人还要接受测谎。

与这项计划有关的文件在间谍眼中可是香饽饽。然而，费曼发现，虽然文件都会锁起来，但是那些锁很容易就能打开。他告诫同事们，保密工作不够好，得加强一下了。

于是，保险柜运来了，这些保险柜需要几个数字密码才能打开。观察和推理能力出众的费曼对新保险柜研究了一番，又找出了开锁的方法。

费曼的开锁技能在同事之间是个"大新闻"，有好多次，同事们在打开的保险柜前目瞪口呆。费曼不断提醒着要加强保密工作。有一次，这位开锁能手获得允许，研究了一位上校的保险柜。随后向他展示了如何打开那个保险柜。上校惊呆了，费曼将这种保险柜的缺点告诉他，让他告知工作人员怎样使用才能避免被别人破解密码。

同事们估计都想过一个问题，如果费曼能打开密码锁，那间谍呢？保密工作可要时刻加强。

盘子和诺贝尔奖

"曼哈顿计划"结束后，费曼成为康奈尔大学的一名教授。在此期间，他的一项研究让他获得了1965年的诺贝尔奖，成为举世瞩目的物理学家。而这项研究的灵感，最初来自餐厅中的一个盘子。

我们知道，物质由极小的、肉眼根本看不到的原子构成。原子又分成更小的原子核和绕着原子核转动的电子。原子核由中子和质子组成，中子和质子还能分成更小的粒子——你可以把这些粒子想象成一个个小球。"量子电动力学"就是关于这些极其微小的粒子的学问。当时，不少世界顶级物理学家都被量子动力学的一个问题给难住了，费曼也在研究这个问题。

一天，费曼在大学的餐厅吃饭，一个小孩子在扔盘子玩。费曼看到盘子飞起来旋转着，盘子上康奈尔大学的蓝色标志图案也在转动。费曼忽然联想到，盘子和图案的运动与他研究的小小粒子的运动相似。就这样，一个盘子打开了费曼的新思路。经过计算，他得到了那道物理学难题的答案。你瞧，灵感只在一瞬间，观察和联想多有趣！

无穷的探索

诺贝尔奖是巨大的荣誉,不过对费曼来说,比起获奖,他更看重发现的喜悦。费曼充满好奇的目光总在搜索着各种各样的问题,并试图发现问题背后的奥秘。

曼哈顿计划

1945年7月16日,原子弹在试验场成功试爆。试爆地点在美国新墨西哥州的一片沙漠中。

造出两颗可用于战场的原子弹,为了逼迫日本法西斯投降,宣称造了更多。

两颗原子弹使用B-29轰炸机投向战场。

1945年8月6日,代号"小男孩"的原子弹在日本广岛爆炸。

B-29轰炸机

小男孩

同年8月9日,代号"胖子"的原子弹在日本长崎爆炸。

B-29轰炸机

胖子

科学家云集

起初,认为只需要6位物理学家和100位技术工人,进行中发现需要更多人参与。从科学家到工人,共有10万多人参与计划。

美国研制原子弹的计划于1941年12月6日制定。

计划共花费20多亿美元,是一笔比今天的20亿美元多得多的财富。

比如，在一次准备煮意大利面的时候，他发现一根意大利面总是断成三截。为什么？他想搞明白，干脆做起了实验，最后厨房到处都是断掉的意大利面。

还有一次，他和朋友聊天，发现对方和自己一样，成为物理学家是受父亲的影响。费曼脑海中有了新问题，成为物理学家的人是不是都受到了父亲影响呢？他询问了好多物理学家，最后发现受母亲影响的人多一点。

事实上，直到患上癌症去世，费曼从未停止过自己的发现之旅。无论是深奥的科学之谜，还是看似简单、好像跟科学没什么关系的问题，他始终追寻着发现的喜悦。

如果我们问自己一个问题，"成为大科学家需要有什么'超能力'呢？"，我们可以从费曼身上学到一种答案，那就是：充满乐趣不停地发现问题、寻找答案！

高超学习法

对于费曼所知的高深的物理和数学知识，我们可能花上十几、二十几年功夫都不一定能搞明白。不过，著名的"费曼学习法"我们现在就可以用起来。这个学习知识的好方法是人们从费曼身上学到、总结出来的。这可是个宝贝！

"费曼学习法"分为4个步骤：

1. 把刚学到的新知识解释给不懂的人听，要尽可能让他听懂。
2. 找出自己解释不清和别人听不懂的地方。
3. 重新学习那些自己不能很好地解释的知识，直到能跟不懂的人讲清楚。
4. 重复上面的3个步骤，直到熟练掌握所有新知识。

"费曼学习法"的道理很简单，如果你能把学到的知识讲给不懂的人听，而且能让他听明白，说明你进行了非常多的思考，知识掌握得"滚瓜烂熟"。可以试试这个好方法哟！

趣味实验

费曼的数学非常强,但有"一招"他还是从一位数学家那里学的。当时,费曼要计算 47 的平方(47^2,即 47 乘以 47)那位数学家立刻就说出了答案。这么厉害?我们也来学学吧。方法是这样:

1 选一个接近 50 的数字,比如 46。

46

2 $50 - 46 = 4$

第一次口算,计算两个数的差。

3 $5^2 = 25$
$25 - 4 = 21$

第二次口算,这里要用到 5 的平方——25。第三次口算,用到两个数的差。

$$4^2 = 4 \times 4 = 16$$

第四次口算，用到 4 的平方——16。

5

2116

我们已经得到了需要的数字。46^2，也就是 46 乘以 46，其结果的前两位就是 21，后两位是 16，结果是 2116。

我们来总结一下，要计算一个接近 50 的数字的平方，你只需要口算出 50 与这个数的差，然后用 25 减去这个差值，得到的就是最后结果的前两位数字。再次使用 50 与这个数的差，口算它的平方，得到的就是最后结果的后两位数字。

我们来实验一下这个速度超快的方法，试着口算 47、48、49 的平方。它们的结果是 2209、2304、2401，你算对了吗？

放飞自我的霍金

作者：其扬

如果 21 世纪有一个不得不说的科学家，那他一定是霍金。他写下很多科学著作，是一位将科学普及到市井之中的伟人；21 岁那年，他被诊断只剩两年的时光，却凭着自己的毅力活到了 76 岁；他出生的那天是伽利略的忌日，去世那天是爱因斯坦的诞辰，或许冥冥之中，霍金注定一生不凡。

名人小档案

姓名：斯蒂芬·威廉·霍金
国籍：英国
生卒：1942 年 1 月 8 日—2018 年 3 月 14 日
身份：物理学家、宇宙学家、数学家、思想家、影视明星
牛值：☆☆☆☆　　**弱点**：身体
爱好：唱歌、打赌　　**必杀技**：大预言术
成就：霍金虽然无缘获得诺贝尔奖，但他的确是当之无愧的伟人。虽然多年瘫坐在轮椅上，但他的思想早已跑到遥远的外太空去了。他著有《时间简史》《果壳中的宇宙》等家喻户晓的科学著作，还提出了黑洞理论、无边界宇宙理论等著名理论

不仅是科学家，还是励志师

霍金出生于英国，其父母都在牛津大学教书。小时候，他的成绩并不突出，但有趣的是，江湖人送其外号"少年爱因斯坦"。17 岁的

霍金考入了牛津大学,主修物理,可好景不长,霍金患上了一种疾病——渐冻症。医生告诉他,他只剩下两年的生命,且行且珍惜。

随着时间的推移,原本还可以走路的霍金,最后只能瘫痪在轮椅上,生活无法自理,话也说不清楚,全身仅有3根手指可以活动。

然而,就是这样一个与时间做抗争的男人,在轮椅上,用他那仅能活动的3根手指,完成了《时间简史》这本轰动全球的著作,让无数人为之震撼。

后来,霍金的3根手指也动不了了,某科技公司为他设计了一款配有电脑的轮椅,该设备可以通过面部肌肉的活动在电脑上打字,就这样霍金依靠这个设备,始终坚持着自己的物理研究,从未有过放弃自己的念头,也从未放弃探索。

这么多年过去了,霍金早就打破了只有两年生命的魔咒,他不仅仅是一位伟大的科学家,更是鼓励无数青少年奋斗的励志师,他的著作让世界上更多的人了解物理、喜爱物理、学习物理,单凭这一点,他的贡献就是不可磨灭的。

知识链接

渐冻症属于运动神经元疾病。患上这种病首先会觉得四肢无力,一段时间后呼吸会慢慢变得困难。据调查,每年一万个人中有1~3个人会发病,目前医学家们还没有查明渐冻症发病的具体原因,但与基因遗传是有关的。一旦患上渐冻症,生命就只剩4年左右。所以平时小朋友们要多注意锻炼,不要被病痛找上麻烦。2014年曾有一种大众流行活动——冰桶挑战风靡全球,这个活动的目的就是让大家对渐冻症引起重视。

逆转时间的大魔法家

如果能穿越时空，你想回到过去，还是前往未来呢？这样的设想现在看来是无法实现的，但是在未来的某一天，说不定真的会实现。

霍金认为人类未来有机会穿越时空。根据爱因斯坦的理论：一个物体的质量会影响它周围的时间，一个物体质量越大，它周围的时间就越慢。时间就像一条河流，越重的物体在时间这条长河里流得越慢。GPS、北斗等全球定位系统，在地球外有很多颗人造卫星。每一颗人造卫星上都有一个非常精准的时钟，但这些卫星上的时钟会比地球上的时钟表走得快一点儿。虽然只是快了一点儿，但人们不得不远程纠正它们，不然这个定位系统就会产生巨大偏差。到

底为什么这些钟都走快了呢？钟表示这个锅我不背！卫星环绕地球一周的时间变短，说明这里的时间比地球上慢，这是因为地球的质量巨大，所以这个巨大球体周围的时间都变慢了。如果恰巧你在一个质量很大的星球上，又恰巧你有一双千里眼，你不难发现，你吃完一顿饭的工夫，地球上的人类早就从牙牙学语的小孩长大成人了，是不是很有趣呢？

霍金认为，人类可以通过虫洞去往未来或者过去的任意一个时间。如果有一天我们可以回到过去，那我们可以改变历史吗？答案是不能，这种类型的虫洞是不存在的。就像我们使用麦克风，扩音机将我们的声音放大，传送出来，但是如果通过扩音机传送出来的声音再一次通过麦克风，这时扩音器就会嗡嗡作响，鸣声刺耳，反馈系统就会受到影响，这套设备也就无法好好工作。虫洞也是如此，当虫洞打开时，反馈的强大力量会将虫洞毁灭，从而无法再打开。

霍金还举办了一个欢迎时光旅行者的聚会，这次聚会开始前，霍金并没有告诉任何人，但是他却打印了许多张邀请函，上面写了聚会地点的坐标和举行时间，他希望至少这些邀请函的其中一份可以保留、流传到千年之后，在千年后的某一天，未来的小伙伴可以乘坐时光机来参加他这天举办的聚会。

别惹外星人！

想必很多小朋友都有过这样的疑问：世界上有外星人吗？在回答这个问

题之前，我们不妨先看一组数据：我们的地球只是围绕太阳旋转的八颗星球中的一个，太阳只不过是银河系里两千亿颗恒星中的一颗，而银河系也只是宇宙一千亿个星系中的一个。这么巨大的宇宙，很难相信地球是宇宙中唯一有生命体的星球。

霍金相信，宇宙中一定还有和我们人类一样的高等智慧体，他们可以是任何形式的生命，可以是一些黏糊的流动液体，也可以是在深水海底蛰伏的发光的动物。或许那个星球上的生物，不像人类一样必须依靠氧气才能存活，他们有着自己所必需的化合物，他们也许可以将雷击产生的能量为自己所用。如果是这样，那么宇宙中存在生命的情况则会十分普遍。

网络上曾有这样一段视频，视频中美国宇航员正在太空漫步，而他身后有一个奇怪的身影，正注视着宇航员的一举一动，镜头转换，那个神秘身影却消失了，实在让人费解。这样的传闻很可能不真实，不过我们确实没有确凿的证据否认外星人的存在。

外星人现在正在做什么呢？也许在制造一招就可以把敌人打趴下的武器，也许和我们人类一样正在宇宙中遛弯，也许正在寻找一个新的家园……

霍金认为，因为我们对外星人一无所知，所以我们不该盲目行动。这种想法不难理解，就像父母警告孩子一样，出门在外不要吃陌生人给的东西，晚上不要独自出门等。否则，很有可能会像哥伦布发现美洲大陆一样，对我们地球人并不总是有利的。

网红科学家

虽然说霍金是一位科学家，但是

他却没有科学家的架子。与人们对科学家的刻板印象不同，霍金活跃于媒体，还曾在美剧《生活大爆炸》中友情出演，就连美国众所周知的动画片《辛普森一家》中，都有霍金坐在轮椅上的动画形象。

霍金十分幽默，他本人是英国人，但为他制作语音合成器的公司却是美国公司，用的是美式英语，有一天英国女王见到他说："你为什么说的是美式英语？"霍金说道："噢，请您不要问我，这是版权问题。"或许是霍金始终保持着他的幽默，才让他从死神的魔爪中一次次挣脱出来。

作为科学研究者的他，看世界的角度，自然也比普通人广阔得多。他还做过许多的预言，其中一个广为人知的预言就是：2600年地球将变成一个火球。听到这里不要慌！等到那时，地球毁灭的只是我们的墓碑而已。

如果你认为霍金离你太遥远，那你就错了，时髦的霍金还开通了微博，打开新浪微博搜索"史蒂芬霍金"就可以看到他的账号，并且他还坐拥四百多万的粉丝，霍金做着科学家这份工作的同时还兼职着网红的身份，看来果然是生活不易，就该多才多艺啊！如果你也喜欢上了他，将他视为你的偶像，不妨去看看他的微博，读一读他犀利的见解，进一步了解这个接地气的网红科学家。

虽说我们可以接触到霍金了，但是他的微博却再也不会更新了，因为就在2018年3月4日，他离开了人世，也许他去到了广袤无垠的宇宙，也许他通过虫洞回到了他的童年，也许他看到了平行世界中那个健康的、可以行走的他自己。

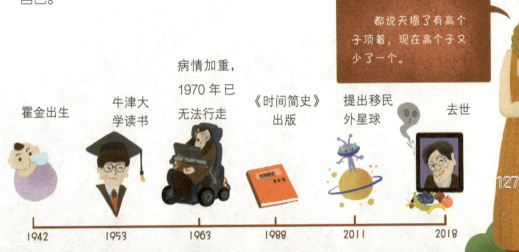

都说天塌了有高个子顶着，现在高个子又少了一个。

| 霍金出生 | 牛津大学读书 | 病情加重，1970年已无法行走 | 《时间简史》出版 | 提出移民外星球 | 去世 |
| 1942 | 1953 | 1963 | 1988 | 2011 | 2018 |

哈勃望远镜

改变世界的巨人

这是科学的黄金年代,人们在试图得到一些"真正的知识"。

"看啊,这就是真正的世界!""朝闻道,夕死可矣!"

科学巨匠们仿若一株株植物,从泥土中成长,用整个人生去攀缘,到达了常人难以企及的高度。